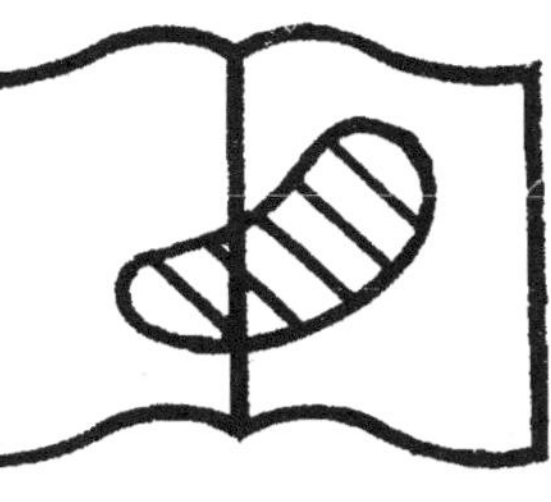

isibilité partielle

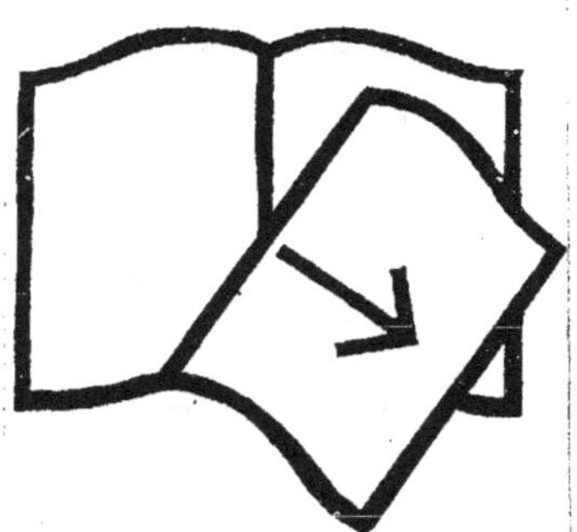

Couverture inférieure manquante

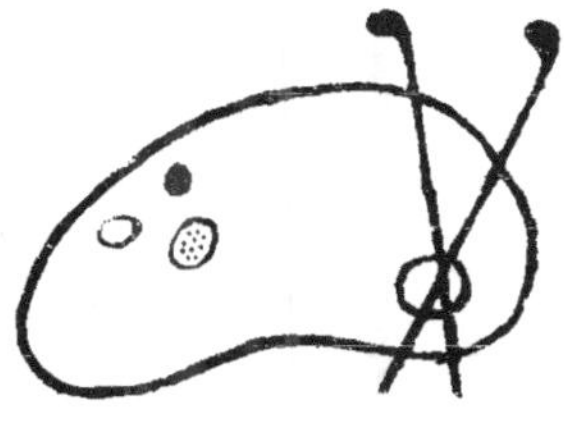

Début d'une série de documents
en couleur

BLE POUR TOUT OU PARTIE DU
MENT REPRODUIT

ÉTUDE

DE

GÉOGRAPHIE HISTORIQUE SUR LA SAONE

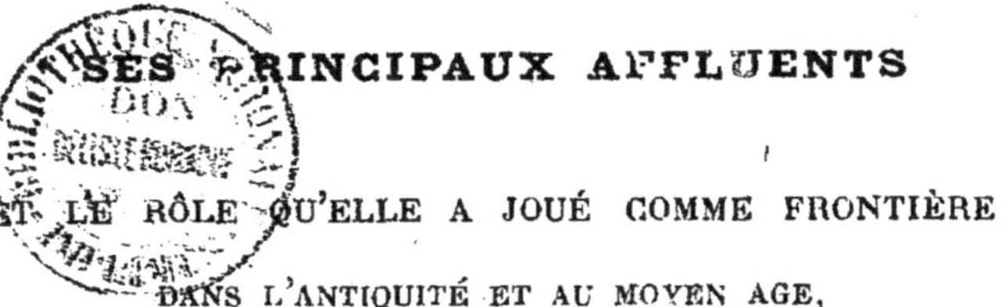

SES PRINCIPAUX AFFLUENTS

ET LE RÔLE QU'ELLE A JOUÉ COMME FRONTIÈRE

DANS L'ANTIQUITÉ ET AU MOYEN AGE,

Par **Jules FINOT**,

Avocat,
Ancien élève de l'Ecole des Chartes,
Archiviste du département de la Haute-Saône,
Correspondant du Ministère de l'instruction publique pour les travaux historiques.

VESOUL,

LIBRAIRIE LOUIS BON.

1878.

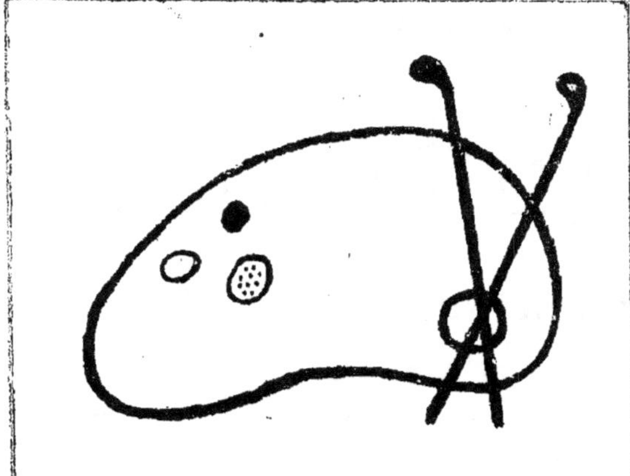

Fin d'une série de documents
en couleur

ÉTUDE

DE

GÉOGRAPHIE HISTORIQUE SUR LA SAONE

SES PRINCIPAUX AFFLUENTS

ET LE RÔLE QU'ELLE A JOUÉ COMME FRONTIÈRE

DANS L'ANTIQUITÉ ET AU MOYEN AGE,

Par **Jules FINOT**,

Avocat,
Ancien élève de l'Ecole des Chartes,
Archiviste du département de la Haute-Saône,
Correspondant du Ministère de l'instruction publique pour les travaux historiques.

VESOUL,
LIBRAIRIE LOUIS BON.

1878.

ÉTUDE DE GÉOGRAPHIE HISTORIQUE
SUR LA SAÔNE
SES PRINCIPAUX AFFLUENTS

ET LE RÔLE QU'ELLE A JOUÉ COMME FRONTIÈRE DANS L'ANTIQUITÉ ET AU MOYEN AGE,

Par Jules FINOT,

Avocat, ancien élève de l'Ecole des chartes, Archiviste du département de la Haute-Saône, correspondant du Ministère de l'instruction publique pour les travaux historiques.

INTRODUCTION.

Parmi les principales rivières de la France, il en est une que le volume de ses eaux, la longueur de son cours, la richesse des contrées qu'elle traverse et des villes qu'elle arrose, l'importance qu'elle présente comme voie de navigation, ont fait dans l'antiquité presque assimiler à un fleuve (1) : c'est la Saône, qui, dans les traités géographiques que nous ont laissés les auteurs romains, prend rang entre le Rhin et le Rhône.

(1) Sidoine Apollinaire, écrivain latin du V⁰ siècle, originaire de la Gaule, place la Saône entre le Rhin et le Rhône, dans l'énumération qu'il donna des cours d'eau de son pays lorsqu'il fit le panégyrique de Majorien, empereur d'Occident :

« Rigidis hunc abluit undis,
Rhenus, Arar, Rhodanus, Mosa, Matrona, Ledus,
Clitis, Elaris, Atax, Vachalis, Ligurimque bipenni
Excisum per frustra bibit. »

(Carmen V in Panegyr. Majoriano Aug. dicto : apud d. Bouq., tome I, p. 802.)

Moins heureuse toutefois que la Moselle, elle n'a pas trouvé un Ausone pour lui consacrer un poëme, et ses rives n'ont inspiré aucune muse. Cependant, presque tous les poëtes latins ont parlé d'elle, et dans un ou deux vers signalé la lenteur de ses eaux, trait caractéristique de son cours. Virgile (1), Lucain (2), Tibulle (3), Claudien (4), Sidoine Apollinaire (5) en font mention.

Si des poëtes nous passons aux prosateurs, nous ne manquerons pas de trouver dans leurs écrits le nom de la Saône encore plus fréquemment répété. Géographes, historiens, épistolographes, tous en parlent, et les détails qu'ils donnent sur son cours, sur ses eaux, sur les événements dont ses rives ont été le théâtre, sont si intéressants, que nous avons cru faire un travail utile de les réunir, en y joignant tout ce que les auteurs du moyen âge et les chartes nous apprennent sur cette rivière à cette époque. Nous ne sommes certes pas le premier écrivain qui ait abordé cette étude, et les ouvrages de ce genre consacrés à la Saône pourraient presque former une bibliothèque. Pour n'en citer qu'un qui résume tous ses devanciers, nous nommerons l'ex-

(1) Eglogue, I :
  « Aut Ararim Parthus bibet, aut Germania Tigrim. »
(2) Pharsale, lib. I :
  « Gurgite, quo Rhodanus raptum velocibus undis
  In mare fert Ararim. »
(3) Tibulle, lib. VIII :
  « Testis Arar, Rhodanusque celer, magnusque Garumna. »
(4) In Rufinum, lib. II :
  « Inde truces flavo comitantur vertice Galli
  Quos Rhodanus velox, Araris quos tardior ambit. »
(5) Sid. Apoll., Panégyr. de l'empereur Majorien cité plus haut.

cellente monographie publiée en 1852 par M. Valentin Smith. Ce savant magistrat a étudié d'une manière approfondie toutes les questions qui touchent au passé, au présent et à l'avenir de la navigation de la Saône, travail qu'il a fait précéder de précieuses dissertations sur les Insubres et les *Segusiavi liberi.*

Il paraîtra peut-être bien téméraire à nous de reprendre un sujet déjà traité si souvent et si savamment. Mais ce qui pourra nous servir d'excuse, c'est que tous les ouvrages consacrés jusqu'alors à la Saône n'ont pas considéré cette rivière exclusivement au point de vue historique, comme nous nous proposons de le faire, ce qui nous permettra d'entrer dans de plus grands détails, et de donner plus de développements, à cet égard. Ainsi, presque tous les auteurs ont en quelque sorte négligé la géographie de la Saône, c'est-à-dire qu'ils n'ont ni exposé, ni commenté les différentes opinions des géographes anciens sur la direction du cours de cette rivière. Nous pensons que c'est là pourtant un point curieux, et qui ne sera pas dépourvu d'intérêt. Enfin, il est une question d'une réelle importance historique, sur laquelle nous espérons jeter un jour nouveau. Déterminer, en effet, quel a été le rôle joué par la Saône comme frontière naturelle dans l'antiquité, le moyen âge et les temps modernes, a été le but principal que nous nous sommes proposé en entreprenant cette étude, c'est l'éclaircissement de ce point spécial qui l'a motivée, en quelque sorte, et c'est sur lui qu'ont convergé toutes nos recherches.

Sans vouloir empiéter ici sur notre dernier chapitre ni sur

nos conclusions, nous pouvons dire, pourtant, que nous espérons avoir démontré que la Saône n'a jamais été une frontière aussi absolue entre les Eduens et les Séquanais, les royaumes formés lors du démembrement de l'empire de Charlemagne, la France et l'empire d'Allemagne, que l'ont avancé presque tous les historiens, et que le proclament maintenant les écrivains d'outre-Rhin. Ce ne sont pas les sentiments d'amour-propre national que peut éveiller cette question qui ont contribué à former notre opinion à cet égard, mais bien le résultat de recherches qui n'avaient pour but que la découverte de la vérité. D'ailleurs, nous publions tous les textes et tous les documents relatifs à notre thèse, aussi bien ceux qui peuvent lui paraître défavorables que les autres. C'est, nous en sommes persuadé, la meilleure manière de la soutenir et d'en faire apparaître la vérité.

Nous avons naturellement rattaché à notre étude historique sur la Saône elle-même un travail semblable sur ses principaux affluents. Sauf l'excellente topographie des cours d'eau du département de Saône-et-Loire, dressée par M. Marcel Canat de Chizy, nous n'avons pu consulter, pour ce chapitre, que les chartes des archives départementales de la Haute-Saône, du Doubs, du Jura et de la Côte-d'Or.

C'est aussi en puisant aux sources mêmes que nous avons tracé un aperçu du commerce et de la navigation de la Saône et de ses affluents dans l'antiquité et au moyen âge, ainsi que la description des divers *pagi* qui se trouvaient sur leurs rives. La délimitation des *pagi* du comté de Bourgogne et des provinces voisines est encore loin d'avoir pu être faite exactement. Nous donnons des textes inédits qui pourront peut-être jeter quelque jour sur ce point.

Telle est la tâche que nous nous sommes imposée. Si nous ne l'avons pas remplie avec tout le talent que méritait son importance, on voudra bien pourtant tenir compte de nos efforts et excuser notre insuffisance, en présence de la difficulté de l'œuvre.

Vesoul, 30 juin 1875.

JULES FINOT.

I.

Coulon, dans son *Histoire des Rivières de France* (1), dit que plusieurs cours d'eau ont changé de place, mais que la Saône a seulement changé de nom. Les changements de dénomination de cette rivière ont été si nombreux qu'ils ont attiré depuis longtemps l'attention des érudits, et que M. Xavier Girault a consacré dans le *Magasin encyclopédique* un article spécial aux divers noms de la Saône (2). Nous ne craignons pas pourtant de revenir, après cet écrivain, sur ce sujet, car nous avons plusieurs textes à ajouter à ceux qu'il a fournis, et nous croyons surtout devoir les présenter sous un autre jour.

Bien que pour cette étude nous ayons suivi généralement la marche chronologique dans la citation des auteurs, il nous est nécessaire de faire ici une dérogation à cette règle, car si Plutarque, ou plutôt l'auteur inconnu du *Livre des Fleuves*, n'est pas le plus ancien écrivain qui ait parlé de la Saône, c'est lui du moins qui rapporte le nom le plus ancien de cette rivière, ainsi qu'une touchante légende se rattachant à son premier changement d'appellation. On lit, en effet, dans un petit traité intitulé : *Des fleuves*, faussement attribué à Plutarque et qui n'est peut-être qu'une compilation faite par quelque auteur de la décadence : « La Saône est un fleuve de

(1) Paris, Clousier; 1644, in-8°.
(2) Tome V, 1812, p. 129 et suiv.

la Gaule celtique, qui reçut ce nom parce qu'il se mêle au Rhône; il se réunit à lui près de la contrée des Allobroges. D'abord, il s'appela Brigulus. Voici pourquoi il changea de nom. Arar étant entré dans une forêt pour chasser, trouva son frère Celtibère dévoré par des bêtes fauves, ce qui lui causa une si violente douleur, qu'il se frappa mortellement et tomba dans le fleuve Brigulus, qui depuis cet événement prit le nom d'Arar. Il existe dans ce fleuve un poisson énorme, appelé par les habitants du pays *scalopide*, qui, au renouvellement de la lune *est blanc, et devient complétement noir à son déclin. Comme sa grosseur augmente toujours, il finit par se percer avec ses propres arêtes. On trouve dans sa tête une pierre semblable à un grain de sel qui, appliquée sur le côté gauche, guérit les fièvres quartes, comme l'apprend Callisthènes de Sybaris, au livre XIII de son *Traité des Gaules*, d'où cette recette a été extraite par Timagènes de Syrie. Auprès de ce fleuve s'élève une montagne appelée Lugdunus, qui a aussi changé de nom pour le motif suivant. Lorsque Momorus et Atepomarus furent chassés du royaume de Seseroneus et qu'ils voulurent, d'après les prescriptions d'un oracle, bâtir une ville sur cette colline, des corbeaux apparurent soudain pendant qu'ils en jetaient les premiers fondements, et les ailes déployées couvrirent les arbres des environs. Momorus, charmé de cet augure, appela cette ville Lugdunum : *Lugum*, en effet, dans la langue qu'il parlait, signifie corbeau, et *Dunum* un lieu élevé, comme le rapporte Clitophon au livre XIII de son ouvrage sur *les Bâtiments* (1). »

(1) Dom Bouquet, tome I, p. 95. Ex libello de Fluviis qui sub nomine Plutarchi circumfertur. (Traduction latine de dom Bouquet) : « Arar (ita argutantur Græci magistri, Arar dici propter lenitatem qui ergo Brigulus ab initio, postea Arar, tandem dictus est Saona, tempore enim Ammiani Marcellini ita vocari cœpit. *Maussacus*) fluvius est Galliæ celticæ, qui denominationem accepit ex eo quôd immisceatur Rhodano (hæc eadem refert ex Callisthene Stobœus, sermo 98); in eum enim labitur juxta regionem Allobrogum.

Ce récit n'a pas besoin de commentaire pour être estimé par le lecteur à sa juste valeur. La confusion qui y règne, les faits fabuleux dont il est tissu, démontrent suffisamment qu'il est l'œuvre de quelque géographe grec du IVe ou Ve siècle, époque de décadence où, dans les sciences, la recherche du merveilleux remplaça celle de la vérité. Les ouvrages de médecine de ces deux siècles en sont une preuve. Ce géographe anonyme cite Callisthènes de Sybaris, qui avait composé une *Histoire de la Gaule*, ainsi que Timagènes. Ces deux auteurs ont vécu au commencement de notre ère.

Mais du domaine des fables, passons dans celui de l'histoire. On n'ignore pas que la Gaule ne fut véritablement connue de l'antiquité qu'après la conquête de César. Il est certain, cependant, que les Phocéens de Marseille ont trafiqué, dès la plus haute antiquité, avec les peuples de l'intérieur; il est probable même qu'ils connurent la Saône,

Brigulus primum dictus fuit; mutavit vero posteà nomen ob hanc causam (fabulosa hæc est nominis Arar derivatiq.; altera grammaticam spectet. Idem). Arar, venationis causâ silvam ingressus, cùm fratrem Celtiberum a feris dilaniatum offendisset, ob extremum dolorem se ipsum letaliter feriens, decidit in fluvium Brigulum qui ab eo Araris nomen sumpsit. Nascitur in ipso magnus piscis (hic piscis vocatur a Stobæo Kloupaia), ab indigenis Scalopidus vocatus, qui, crescente luna albus est, decrescente vero omnino niger evadit; et cùm in extremam crevit magnitudinem, a propriis spinis confoditur. Reperitur et in ejus capite lapis grumo salis similis, qui, senescente luna, sinistris corporis partibus applicatus febres quartanas sanat ut docet Callisthenes Sybarita, lib. XIII rerum Gallicarum, a quo sumpsit argumentum Timagenes Syrius. Juxta ipsum adstat mons dictus Lugdunus, qui hâc de causâ mutavit nomen. Cùm Momorus et Atepomarus a Seseroneo regno dejecti, in eo colle ex oraculi præcepto urbem ædificare vellent, jactis jam fundamentis, corvi subito apparentes, expansis alis arbores quæ circa erant replevere. Momorus autem, augurii calentissimus, civitatem Lugdunum vocavit : Lugum enim dialecto suo corvum vocant, Dunum vero locum eminentem, ut refert Clitophon, lib. XIII de Ædificationibus. »

et ce sont eux, peut-être, qui lui donnèrent le nom d'Arar.
Mais les historiens grecs antérieurs à César, qui avaient
pourtant été en relations avec les Phocéens, ne parlent pas
de ce cours d'eau. Ce sont les Commentaires de César qui
mentionnent pour la première fois cette rivière sous le nom
d'Arar. D'ailleurs, la manière dont s'exprime le grand général indique qu'il était le premier à en parler : « L'Arar,
dit-il, est un cours d'eau qui, coulant entre les Eduens et les
Séquanais, tombe dans le Rhône ; son cours est d'une lenteur si prodigieuse, que l'œil ne peut apercevoir de quel côté
se dirigent ses eaux (1). »

A César nous rattachons les historiens grecs qui ont
raconté ses campagnes des Gaules. Plutarque appelle la
Saône *Arara* (2), et Dion Cassius *Arararis* (3), noms à
forme grecque d'Arar.

Mais il est un auteur peu postérieur à César, puisqu'il est
né cinquante ans avant Jésus-Christ, et qu'il est mort dans
les dernières années du règne de Tibère, qui a parlé longuement de la Saône : c'est l'illustre géographe Strabon, dont les
écrits, avec ceux de Ptolémée, firent autorité pendant tout
le moyen âge. Dans deux passages de son ouvrage il est
question de cette rivière, mais dans des termes si obscurs
qu'on peut sûrement en déduire qu'à cette époque la Gaule
était encore une terre inconnue de la plupart des Romains,
même de ceux qui passaient pour lettrés. Voici ces deux passages, que nous donnons d'après la traduction latine de dom
Bouquet. Le premier est relatif au Rhône. « Ce fleuve considérable, dit le grand géographe de l'antiquité, descend des

(1) Ex Cæsare, De Bello gall., lib. I, chap. xii : « Flumen est
Arar, quod per fines Æduorum et Sequanorum in Rhodanum
influit, incredibile limitate, ita ut oculis in utram partem fluat
judicari non possit. »
(2) Ex Plutarcho in Cæsare.
(3) Ex Dioni Cassii lib. XXXVIII.

Alpes avec une impétuosité telle que, lorsqu'il sort du lac Léman, il y laisse la trace de son cours très-apparente, sur une longueur de plusieurs stades. De là, il traverse les plaines des Allobroges et des Ségusiens, et se réunit à l'Arar près de Lyon, ville appartenant à ce dernier peuple. L'Arar sort des Alpes, sert de limite entre les Séquanais, les Eduens et les Lingons. Ensuite elle reçoit le Doubs, rivière qui prend sa source dans les mêmes montagnes et qui est aussi navigable ; ces deux cours d'eau forment l'Arar, qui se réunit au Rhône. Alors, sous ce dernier nom, elles coulent vers Vienne. Il faut remarquer que ces trois rivières se dirigent d'abord vers le nord, ensuite vers l'occident ; dès l'endroit où elles se réunissent en un même lit, le fleuve qu'elles forment, changeant de direction, coule vers le sud jusqu'à son embouchure. Telle est la région située entre le Rhône et les Alpes (1). » Le second passage se rapporte à Lyon. « Cette ville, dit Strabon, est la capitale des Ségusiens,

(1) Dom Bouquet, tome I, p. 16. Ex Strabonis lib. IV. (Traduction latine de dom Bouquet) : « Is (Rhodanus) ab Alpibus magnus magno defluit impetu, qui etiam ubi Lemannum lacum exit, alveum suum ad multa stadia conspicuum exhibet. Inde in campestria Allobrogum et Segusianorum lapsus, apud Lugdunum cum Arare concurrit urbem Segusianorum. Fluit Arar ex Alpibus, terminus Sequanorum, Heduorum et Lincassiorum (Lincasii corrupto nomine iidem Straboni qui Lingones; nam infra, super Helvetios et Sequanos, occasum versus habitant Edui et Lingones). Deinde excipiens Dubim fluvium ex iisdem ortum montibus, cumque navigabilem, itaque ex utroque confectus Arar Rhodano miscetur. Inde Rhodanus nomen obtinens Viennam versus delabitur. Id contigit (falleris o geographorum optime; numquam enim Arar versus septentrionem fluit, nec ut supra dixisti ex Alpibus nascitur, sed ex Vogeso monte et recto fluit versus meridiem ab ipsa origine; flexus tamen modo versus orientem, modo ad occidentem plures faciens, sed numquam ad septentriones. Ignoscendum est Græco homini, imo Asiatico, de Galliâ scribenti et qui forte Dubim pro Arare in quem influit accepit. Palmerias), ut hi tres fluvii ab initio versus septentrionem, postea ad occasum feruntur : ubi in unum alveum confluxerunt, flumen jam alio flexu versus meridiem usque ad

nation placée entre le Rhône et le Doubs ; les autres peuples qui s'étendent vers le Rhin sont confinés en partie par le Doubs, et en partie par l'Arar. Ces cours d'eau, comme nous l'avons dit plus haut, sortent des Alpes, et, après s'être réunis en un seul lit, tombent dans le Rhône. Il est aussi un autre fleuve, ayant de même ses sources dans les Alpes, et qui s'appelle la Seine. Il a un cours parallèle au Rhin, et tombe dans l'Océan, après avoir traversé le territoire du peuple auquel il donne son nom. Les Séquanes, à l'orient, touchent au Rhin, et d'un autre côté à l'Arar ; de leur pays sont exportées à Rome d'excellentes salaisons. Entre le Doubs et l'Arar habitent les Eduens, qui ont pour ville Chalon sur la Saône et l'oppidum de Bibracte. Les Eduens, appelés les clients des Romains, sont le premier peuple de la Gaule ayant recherché leur amitié et leur alliance. Au-delà de la Saône habitent les Séquanes, de toute antiquité les ennemis des Romains et des Eduens, et s'associant fréquemment aux Germains dans leurs incursions en Italie ; c'est cette alliance qui les fit paraître si puissants, et qui les a rendus si faibles depuis qu'elle leur manque. La cause de leur inimitié avec les Eduens fut le cours de la Saône, qui les sépare ; chacune des deux nations voulut revendiquer pour elle-même le droit exclusif d'y percevoir des droits de navigation. Maintenant, tous ces pays sont soumis à l'autorité romaine (1). »

ostia tendit, receptis aliis etiam amnibus, usque ad mare. Hæc ergo est forma regionis inter Rhodanum et Alpes sitæ. »

(1) Dom Bouquet, tome I, p. 23. Ex Strabonis lib. IV. (Traduction latine de dom Bouquet) : « Præest hæc urbs (Lugdunum) genti Segusianorum sitæ inter Rhodanum et Dubim fluvios : reliquæ gentes ad Rhenum tendentes, partim a Dubi terminantur, partim ab Arare. Atque hi quidem, ut ante diximus (cùm hic iterum dicat Strabo ex Alpibus demitti Dubim et Ararim, quorum alter ex monte Jura, alter ex Vogeso oriuntur ; vel istos montes Alpium nomine donavit, vel illorum fluviorum fontes ignoravit : quod postremum ut credam, facit id quod addit postea Sequanam in iisdem Alpibus fontes habere, cumque per gentem sibi cognominem

Ces deux passages renferment de nombreuses erreurs, et il
ne faut pas s'étonner, d'ailleurs, que Strabon, Cappadocien
venu à Rome sous le règne d'Auguste, n'ait pas mieux connu
la Gaule, car cette contrée n'était pas depuis plus de quarante ans une province romaine, et elle ne fut pas comprise
dans les grands voyages qu'il fit. En outre, les Anciens, par
suite probablement de leur manque de connaissance des
sciences mathématiques, se faisaient difficilement une idée de
la topographie des lieux, même les plus fréquentés. Les
formes bizarres qu'ils donnèrent dans leurs écrits géographiques aux côtes d'Espagne et d'Italie, en sont une
preuve. Ainsi Strabon a cru que l'Arar, comme le Rhône,
prenait sa source dans les Alpes. Il a assez exactement décrit
comment ces deux cours d'eau se réunissaient à Lyon. Mais
il fait aussi sortir le Doubs des Alpes, ainsi que la Seine.
Jamais non plus la Saône n'a coulé dans la direction du
nord, et si elle a servi de limite entre les Eduens et les
Séquanais, les premiers n'ont pu habiter entre son cours et

Sequanos nimirum in Oceanum fluere; quod falsissimum est nemo
non videt) ab Alpibus ipsi quoque delapsi conjunctis alveis in Rhodanum exeunt. Est et alius fluvius fontes in iisdem habens montibus
Alpibus, Sequana nomine. Is Rheno parallelus per gentem sibi
cognominem fluit in Oceanum. Sequani versus orientem Rheno,
diversa parte Arari sunt affines; ex his optima suilla salsamenta
Romam perferuntur. Inter Dubim (hic locus errore non vacat; vel
scripsit Strabo inter Ligerim et Ararim; vel habuit in mente
vel habere debuit. Nam Eduorum situs satis notus est inter
Ligerim et Ararim. *Palmerias*) et Ararim Hedui incolunt, urbem
habentes Ararim impositam Cabyllinum et oppidum Bibracta.
Hedui Romanorum cognati appellati primique Gallorum amicitiam
et societatem eorum amplexi sunt. Trans Ararim Sequani habitant,
antiquitus Romanorum et Heduorum inimici et Germanorum in
Italiam incursionibus socios se præbentes plerumque; quâ in re
ostenderunt se plurimum potentiæ habere, cùm eos sua conjunctione magnos, discessu impotentes redderent. Heduis cum hæc
causa eos inimicos fecit, tum de Arari contentio, qui ipsos distinguit, utraque gente eum et vectigalia sibi vindicante. Nunc omnia
sunt Romanorum. »

celui du Doubs. Il y a certainement confusion entre les
Eduens et une autre nation, les Insubres probablement, qui,
clients et alliés des Eduens, ont occupé les deux rives de
l'Arar, et pouvaient s'étendre jusqu'au Doubs. Il est inexact
aussi que ce soit la Seine qui ait donné son nom aux Séquanais. L'origine de cette erreur peut être expliquée jusqu'à
un certain point. En effet, à côté de la dénomination grecque
Arar, il est probable que le mot celtique *Sauconna*, *Segona*,
Sagona, était aussi employé pour désigner la Saône, et
comme cette forme devait se rapprocher beaucoup du terme
celtique désignant la Seine, cette similitude de noms des
deux fleuves a induit, sans aucun doute, Strabon en erreur
en lui faisant penser que les Séquanais étaient appelés ainsi
à cause de la Seine, tandis que c'était la Saône, dont ils
habitaient les bords, qui leur avait donné son nom (1).

Les poètes du siècle l'Auguste ou postérieurs de quelques
années à ce prince, mettent la Saône au même rang que le
Rhin, le Rhône et la Garonne. Virgile, dans une antithèse
célèbre, oppose l'Arar au Tigre et la place en Germanie, ce
qui prouve quelle connaissance incomplète il avait de son
cours. On a objecté, il est vrai, que la Séquanie fut quelquefois appelée troisième Germanie, mais ce ne fut que bien pos-
térieurement à Auguste. Quant à Lucain et à Tibulle, ils
indiquent seulement que la Saône mêle ses eaux à celles du
Rhône (2). C'est Sénèque-le-Tragique, dans l'apothéose de la
Gaule écrite sous le règne de Tibère, qui fit le premier, en
quelques beaux vers, une description exacte du cours de la
Saône, dont il remarque la molle lenteur. Dans son poème,

(1) Il est à remarquer que des titres de 870 et 1059 rapportés par
Juenin se servent pour désigner la Saône du mot *Segonna*, le même
qu'emploie Frédégaire pour désigner la Seine. Ce rapprochement
ne semble-t-il pas indiquer une commune origine de l'appellation
de ces deux cours d'eau?
(2) Voir les citations de l'introduction.

Hercule s'adressant à l'empereur, lui dit : « J'ai vu ton joug s'imposer à deux fleuves que Phœbus voit toujours d'une nature si différente ; le Rhône, grand fleuve qui coule avec impétuosité, et l'Arar, qui hésite de quel côté elle dirigera son cours. Est-il une terre échappant à ton génie dominateur (1)? » Silius Italicus oppose aussi à la lenteur de l'Arar, l'impétuosité du Rhône « qui lui enlève son nom au milieu de son cours, afin qu'elle ne puisse le porter aux rivages voisins (2). »

Nous verrons au chapitre suivant ce que Florus et Tacite disent de la Saône. Pline-l'Ancien, qui écrivait à la fin du premier siècle de notre ère, vante aussi l'importance du Rhône traversant au sortir des Alpes le lac Léman, et entraînant dans la mer la molle Arar (3).

De l'ensemble de ces renseignements il ne résulte pas pourtant que les Anciens aient eu, plus de cent cinquante ans après César, des notions bien exactes sur la direction du cours de la Saône. Ceux que donne Ptolémée, le grand géographe

(1) Ex Apotheosi Galliæ :
    « Vidi duobus imminens fluviis jugum
    Quod Phœbus ortu semper obverso videt
    Ubi Rhodanus, ingens amne prærapido fluit,
    Ararque dubitans quò suos cursus agat,
    Est ne illis tellus spiritus altrix tui ? »
(2) Ex Silii Italici de punicis poemate :
    « Aggeribus caput Alpinis, et rupe nivali
    Prosilit in Celtas, ingentemque extrahit amnem
    Spumanti Rhodanus proscindens gurgite campos...
    ... Auget opes stanti similis, tacitoque liquore
    Mixtus Arar, quem gurgitibus complexus anhelis
    Cunctantem immergit pelago, raptumque per arva
    Ferre vetat patrium vicina ad littora nomen.
    ....
    Quorum serpit Arar per rura pigerrimus unda. »
(3) Dom Bouquet, t. I, p. 53. Ex libro III Plinii historiæ naturalis : « Multo Galliarum fertilissimus Rhodanus amnis, ex Alpibus se rapiens per Lemannum lacum, segnemque deferens Ararim. »

d'Alexandrie, qui fixa à la fin du second siècle après Jésus-
Christ, les connaissances de l'antiquité en fait de géographie,
dans un ouvrage jouissant d'une autorité égale à celui de Strabon, ne sont guère plus précis. « Parmi les cours d'eau, dit-il,
qui tombent dans le Rhône en venant de la région située au
nord de Lyon, sont la Saône et le Doubs, qui se sont préala-
blement réunis. L'Arar a ses sources dans les Alpes par 28
degrés de longitude et 40 scrupules, et 44 degrés de latitude
et 40 scrupules.

Les sources du Doubs sont placées sous 28 degrés 30 scrupules de longitude, et 44 degrés 30 scrupules de latitude.
Après avoir coulé, à partir des Alpes, dans la direction du
nord, ces rivières infléchissent vers l'occident, et leur jonction a lieu sous 25 degrés 20 scrupules de longitude, et 45
degrés 30 scrupules de latitude. Leur jonction avec le Rhône
a lieu sous 24 degrés de longitude, et 45 degrés 30 scrupules de latitude (1). »

On peut remarquer dans Ptolémée les mêmes erreurs que
dans Strabon. Le géographe alexandrin place, comme celui
de Cappadoce, les sources de la Saône dans les Alpes et non
dans les Vosges. Cependant cette dernière chaîne de montagnes était déjà à cette époque connue des anciens, puisque
Lucain, deux siècles avant Ptolémée, parle des châteaux
élevés sur ses principales cimes. Peut-être ne les considérait-
on que comme un prolongement du Jura et des Alpes (2).

(1) Dom Bouquet, t. I, p. 86. Ex Ptolemæï libr. II. (Traduction
latine de dom Bouquet) : « Fluviorum qui in Rhodanum a septen-
trionali parte Lugduni influunt, Arar est ac Dubis qui invicem
admiscentur : habent autem fontes Araris ab Alpibus fluentes
28 grad. 40 scrup. longit.; 44 grad. 40 scrup. latit. Fontes vero
Dubis fluvii sub ipso fluentes 28 grad. 30 scrup. longit.; 44 grad.
30 scrup. latit. Cùm autem ab Alpibus fluxerint versus septentriones
ad occasum flectuntur et eorum commixtio gradus habet, 25 grad.
20 scrup. longit.; 45 grad. 30 scrup. latit. Eorumdem commixtio
cum Rhodano fluvio 24 grad. longit., et 45 grad. 30 scrup. latit. »
(2) Adrien de Valois, *Notit. Gall.*, verb. Vosagus mons.

C'est ce qui pourrait expliquer l'erreur de Strabon et de Ptolémée.

Nous avons déjà fait remarquer que jamais la Saône n'a coulé vers le nord, comme le prétendent les deux géographes. N'y aurait-il pas là aussi confusion avec le Doubs, principal affluent de la Saône, qui se dirige, en effet, vers le nord, pour tourner ensuite au sud-ouest? Il est vrai que l'indication des degrés de longitude et de latitude donne bien une distinction des sources de ces deux rivières; en plaçant celle du Doubs moins au nord et à l'ouest, Ptolémée semble ainsi écarter la méprise qu'on aurait pu lui attribuer, d'avoir confondu le cours du Doubs et celui de la Saône.

Les auteurs du III° siècle de notre ère ne renferment aucun détail nouveau sur l'Arar; mais ceux du IV° siècle, au contraire, en abondent. C'est d'abord le rhéteur Eumène, qui, dans un passage de son panégyrique de l'empereur Constantin, sur lequel nous reviendrons plus longuement dans un des chapitres suivants, qualifie le cours de l'Arar de « tardif et d'hésitant (1); » puis Ammien Marcellin qui s'exprime ainsi : « Le Rhône traverse la Savoie et le pays des Séquanais, et s'avançant au loin, il arrose à gauche Vienne, et à droite Lyon ; après avoir décrit un arc de cercle, il reçoit l'Arar qu'on appelle *Sauconna*, et lui enlève son nom. Cette rivière traverse dans son cours la première Germanie. C'est au point de leur jonction que commencent les Gaules. A partir de cet endroit, les mesures itinéraires ne se comptent plus par milles, mais par lieues (2). » Lorsque nous parlerons des contrées traversées par la Saône, nous tâche-

____

(1) « Segnis et cunctabundus amnis. »

(2) Dom Bouquet, t. I, p. 547. Ex libro XV Ammiani Marcellini : « Unde sine jactura rerum, per Sapaudiam fertur (Rhodanus) et Sequanos ; longeque progressus, Viennensem latere sinistro perstringit, dextro Lugdunensem ; et emensus spatia flexuosa Ararim quem Sauconnam appellant, inter Germaniam primam fluentem (Cluverius in libro II, de Germania mendosum hunc

rons de faire ressortir toute l'importance que présente cet
extrait au point de vue du rôle de frontière attribué à ce
cours d'eau. Nous ne pouvons ici que nous contenter de faire
remarquer que c'est avec Ammien Marcellin qu'apparaît,
pour la première fois, le mot celtique *Sauconna*, employé
pour désigner l'Arar. Mais il est probable que l'historien du
IVe siècle n'a fait que se servir d'une dénomination depuis
longtemps en usage, plus ancienne peut-être, du moins chez
les populations riveraines, que le nom gréco-latin d'Arar.

Au Ve siècle, le poète officiel de la cour d'Honorius, Claudien, a deux fois, dans ses vers, signalé la lenteur du cours
de l'Arar (1), et Sidoine Apollinaire, qui remplit le même rôle
sous les derniers empereurs d'Occident Avitus, Majorien et
Anthemius, compte la Saône au nombre des principales
rivières de la Gaule (2). Ailleurs, dans une lettre au ravenate
Candidien, qui le plaisantait au sujet des brouillards de Lyon
qu'il avait dû être joyeux de quitter, afin de pouvoir au moins
apercevoir le soleil à Rome, il prend le titre de *Bibitor
Araricus*, qui, dans sa pensée, est synonyme d'habitant de
Lyon, ville appelée par lui, dans la même lettre, *Rhodanu-
sia* (3). Mais dans ces derniers fervents de la Muse latine,

locum esse suspicatur. Quomodo enim potuit Marcellinus Ararim
inter Germaniam primam fluere, ac non potius per Germaniam?
Rescribit igitur Cluverius, inter Germaniam primam fluentem et
Sequanos. Sed ne sic quidem errore vacabit Marcellinus; quippe
Arar inter Lugdunensum primam et Maximam Sequanorum fluit,
Sequanosque a Lingonibus et Æduis provinciæ Lugdunensis primæ
populis dividit. Sed forte deceptus est Marcellinus a pastore apud
Virgilium Ararim in Germaniam ponente, Ecloga I), suum in nomen
adsciscit : qui locus exordium est Galliarum. Exindeque non
millenis passibus sed leugis itinera metiuntur. »

(1) Ex Claudiani, libr. II, in Rufinum :

« Quos Rhodanus velox, Ararisquos tardior ambit. »

Idem, liber de Consulatu Mallii Theodori :

« Lentus Arar, Rhodanusque ferox et dives Iberus. »

(2) Sidoine Apollinaire. Passage déjà cité dans l'introduction.

(3) Idem, liber I, epist. 5 et suiv. « Rhodanusiam meam. » — « Mo-

on ne rencontre toujours que le terme officiel d'Arar, qu'emploient uniquement aussi ies géographes contemporains. Il
faut descendre jusqu'à l'Anonyme de Ravenne et à Frédégaire, pour retrouver le nom vulgaire apparu déjà dans
Ammien Marcellin.

Vibius Sequester, écrivain latin qui vécut, pense-t-on, au
V^e ou au commencement du VIe siècle, fait remarquer, dans
le petit opuscule intitulé : *De fluminibus, fontibus, lacubus
quorum apud poetas fit mentio*, que la Saône prend sa
source dans les Vosges. « C'est, dit-il, un fleuve de Germanie
qui se jette dans le Rhône et coule avec une telle lenteur,
qu'on peut à peine apercevoir de quel côté il se dirige (1). »
Cette description est assez exacte ; Vibius Sequester place
le premier les sources de l'Arar dans les Vosges, et si, comme
Ammien Marcellin, il en fait un fleuve de la Germanie, il ne
faut pas s'en étonner. L'erreur qu'on pourrait au premier
abord lui attribuer n'est qu'apparente. Nous verrons plus
tard qu'il faut entendre ici par Germanie la Grande Séquanaise, désignée dans quelques notices sous le nom de *Germania tertia*.

Dans un autre ouvrage du Ve ou du VIe siècle, ayant pour
titre : *Cosmographia*, et qui consiste en trois extraits
informes qu'on attribue à Æthicus Hister ou à l'orateur Julius
Honorius, se trouve une description du cours de la Saône qui
tranche, malheureusement, par son obscurité avec celle
donnée par Vibius Sequester.

« Les fleuves de la Gaule, dit Æthicus, qui se jettent dans

rari me Romæ congratularis, illud tamen quasi facete et fatim
gnatorum salibus admixtis. Ais enim gaudere te quod aliquando
necessarius tuus videam solem, quem utique raro bibitor Araricus
inspexerim. »

(1) Dom Bouquet, t. I, p. 101. Ex Vibio Sequestro de Fluminibus : « Arar Germaniæ fluvius e Vogeso monte miscetur
Rhodano, qui ita lene decurrit, ut vix possit intelligi decursus
ejus. »

l'Océan occidental sont : la Saône (*Araris*), le Rhône, la Garonne, la Loire qu'il appelle Géon, et le Bicornius. La Saône prend sa source à Pœtavion, d'où elle coule après avoir abandonné un tronçon de son bras primitif. Elle est aussitôt rencontrée par le Rhône et ils ne forment plus tous deux qu'un seul fleuve ; ils entrent dans la mer après avoir quitté Arles. Mais ce fleuve, que nous avons appelé Bicornius, reçoit dans son cours supérieur un autre nom avant sa jonction avec le Rhône, car dans la province de Germanie il est appelé Rhin ; ailleurs il est dit Bicornius, ailleurs encore, fleuve de l'Arar. Ainsi ce fleuve a donc trois noms quoiqu'il ne forme pourtant qu'un fleuve et demi, parce que l'Arar, comme nous l'avons fait remarquer, conduit de la mer de Pœtavion à la mer Tyrrhénienne, en face des îles Baléares. Mais cette moitié de fleuve a une queue tortueuse à partir de Lyon, où elle prend naissance. Mais se jette-t-elle dans l'Océan occidental ou dans la mer Tyrrhénienne, c'est ce que maintenant il est impossible de constater, car elle paraît couler d'une mer à une autre. Elle parcourt 852 milles. Le Rhône prend sa source au milieu des plaines de la Gaule et rencontre le Bicornius, dont nous avons indiqué le cours et l'embouchure (1). »

(1) Dom Bouquet, t. I, pp. 101 et 102 : « Ex Cosmographiâ Æthico adscriptâ; de Galliâ. (Multi arbitrantur hanc cosmographiam temere Æthico adscriptam fuisse, eamque adscribendam esse Julio Honorio Oratori, ut quidam habent Mss. Codd. Et certe excerpta quæ sub nomine Julii Honorii vulgantur, ex hâc Cosmographiâ descripta esse videntur.) « Oceani occidentalis flumina sunt : Araris, Rhodanus, Garumna, Geon (Liger intelligendus est), Bicornius. Fluvius Araris (Arar e Vogeso nascitur, nunquam dicitur Rhenus, neque Bicornius. Rhenum bicornem dicit Virgilius, Æneid. VIII vers. 727) nascitur a Pœtavione veniens, relictâ caudâ ortûs sui. Statim ei fluvius Rhodanus occurrit, et simul unum faciunt ; in mare ingrediuntur egressi Arelatum. Sed hunc quem fluvium Bicornium diximus ante conjunctionem Rhodani in superiùs aliud nomen accepit prœter Bicornium ; nam in provinciâ Germaniâ

Il règne dans ce passage une si grande obscurité, qu'on hésite vraiment à l'attribuer à un auteur latin du V⁰ siècle, habitant l'Histrie, contrée voisine de Ravenne, et par conséquent en relation avec l'Occident. Les erreurs y sont encore plus grossières que celles que nous signalions dans Strabon, qui n'écrivait que quelques années après la conquête des Gaules. On ne peut les expliquer qu'en admettant que l'invasion des barbares ait isolé si complétement les provinces occidentales du reste de l'empire, qu'on n'eût plus sur ces pays que des notions géographiques très-vagues. Quoi qu'il en soit, il est certain que l'auteur de cette *Cosmo. graphie* était un homme peu instruit, et, pour ce motif, on ne saurait lui donner pour auteur l'orateur Julius Honorius. D'après cet ouvrage, les quatre fleuves de la Gaule qui se jettent dans l'Océan occidental sont : l'Arar, le Rhône, la Garonne, la Loire appelée Géon, et le Bicornius. L'Arar prend sa source près de Pœtavion. La *Table de Peutinger* cite une ville de ce nom située dans la Pannonie inférieure, que d'Anville et la plupart des géographes assimilent à Petto en Styrie. Il est toutefois difficile d'admettre que ce soit la localité qu'Æthicus a voulu désigner. Peut-être y a-t-il une faute de copiste et doit-on lire *Bœtavionensi* pour *Batavionensi*, la Batavie. En faveur de cette interprétation, on pourrait remarquer que l'auteur dit que la Saône met en communication la mer de Pœtavion avec celle de Tyrrhénie ; or Petto

fluvius Rhenus dicitur ; alibi, ut diximus Bicornius, alibi, fluvius Araris appellatur. Ita ergo hic fluvius tribus nominibus nuncupatur, quum sit unus et dimidius, quòd Araris, ut supra diximus, ducit a mare Pœtavionensi usque ad mare Tyrrhenum contra insulas Baleares ; ejus autem médietas habet aculeum pertortuosum Lugduno, ubi nascitur. Ubi autem irruit, utrum in Oceanum Occidentis, an in mare Tyrrhenum, in præsente non potest videri, quia ab aquâ ad aquam videtur currere. Pergit millia DCCCLII. Fluvius Rhodanus nascitur in medio campo Galliarum et occurrit ei Bicornius supradictus cursu mersuque quo diximus. »

n'est pas sur le bord de la mer, tandis que la mer qui baigne les côtes de la Hollande était appelée mer des Bataves par les anciens. Enfin, comme Æthicus paraît croire que la Saône, le Rhône et le fleuve qu'il appelle Bicornius et qui doit être le Rhin, nommé ainsi par Virgile, ne formaient qu'un seul et même cours d'eau, il peut se faire qu'il ait voulu désigner sous le nom de *mare Pœtavionensi* le lac de Constance que traverse le Rhin. Il ne doutait pas que la Saône ne communiquât dans son cours supérieur avec le Rhin, comme si le canal projeté par Lucius Vetus, pour joindre l'Arar à la Moselle, eût reçu son exécution. Pour lui, la Moselle et peut-être la Meuse ne doivent être considérées que comme des prolongements de la Saône. Cette confusion étant admise, le texte du géographe peut s'expliquer ainsi : Sous le nom de Rhône, il entend le cours d'eau qui va du mont Furca à Lyon, point de sa jonction avec l'Arar ; cette rivière est celle qui va de Lyon à la mer « après avoir laissé à Lyon une queue tortueuse. » Cette queue allait au nord rejoindre le Rhin qui, à partir de cette jonction, quittait ce dernier nom qu'il avait porté dans la Germanie pour prendre celui de Bicornius, qu'on appliquait aussi à la branche tortueuse de Lyon au Rhin. Telle est la seule explication qu'on puisse donner des erreurs d'Æthicus, en ce qui concerne le cours des fleuves et des rivières de l'est de la Gaule. Nous n'avons pas besoin de faire remarquer ce qu'un pareil système géographique a d'absurde ; il est une preuve irrécusable de l'ignorance grossière qui avait été la conséquence de l'invasion des barbares.

Avec l'Anonyme de Ravenne, qui écrivait vers le VIIe siècle, reparaît le nom vulgaire et celtique de la Saône, qui n'est pas *Sauconna* comme dans Ammien Marcellin, mais *Sagona* (1). Grégoire de Tours, qui se piquait de conserver les

---

(1) Dom Bouquet, t. I, p. 120 Ex Cosmographiâ Anonymi Ravennatis, libro IV..... : « Per quam Burgundiam transeunt

traditions de la bonne latinité, ne se sert que du terme officiel d'Arar, jadis employé par les principaux écrivains romains, ainsi que dans les itinéraires et les notices à l'usage des fonctionnaires de l'empire (1). Le poète contemporain Fortunat ne chante aussi dans ses vers que l'Arar, qu'il appelle douce (*mitis*) (2). Mais dans Frédégaire, continuateur de la chronique de Grégoire de Tours, la mention du nom moderne, peut-être cependant d'une plus haute antiquité, dit M. Alfred Jacobs, que le premier, incontestablement d'un usage plus répandu, apparaît fréquemment sous la forme de *Saogona* (3).

Dans le texte de ce chroniqueur, comme dans celui d'Ammien Marcellin, les deux noms de la Saône sont souvent accolés, le second servant en quelque sorte d'explication au premier, dont la signification n'était généralement plus connue (4). La légende de S. Gratien, écrite peu de temps après la chronique de Frédégaire, donne aussi les deux dénominations *Arar* et *Sagonna*, qui, avec quelques variantes, vont subsister jusqu'au XIIIe siècle. C'est alors que le nom celtique l'emportera définitivement sur le terme

plurima flumina; inter cetera fluvius qui dicitur Rhodanus Lausonensis, in quo Rhodano ingrediuntur flumina, id est, Duba, Sagona, Isera, Arab. »

(1) Dom Bouquet, t. II, p. 178 et suiv. Ex hist. Francorum, Sancti Gregorii Epis. Tur. lib. II : « Tunc Gundobadus et Godegiselus fratres regnum circa Rhodanum aut Ararim cum Massiliensi provinciâ retinebant. » Id. lib. V : « Pari modo Rhodanus cum Arari conjunctus, ripas excedens, grave damnum populis intulit, muros Lugdunensis civitatis aliquâ ex parte subvertit. » Id. lib. VIII : « Tunc commoto omni exercitu suo illuc dirigit. Gentes vero quæ ultra Ararim, Rhodanumque et Sequanam commanebant, cum Burgundionibus junctæ, Ararica Rhodaniticaque littora tam de fructibus quam de pecoribus depopulatæ sunt. »

(2)   « Excipit hinc Narboque littora plana remordens
        Mitis Arar Rhodanas molliter intrat aquas. »

(3) Géographie de Grégoire de Tours et Frédégaire, verb. Arar.

(4) Dom Bouquet, tome II, p. 448. Ex Fredegarii Scholastici chronico, cap xc, anno 641 : « His ita gestis, Flachoatus in crastino

gréco-latin et qu'il passera dans la langue vulgaire sous la forme de *Soonne*, *Sosne*, *Soigne*, et *Saône* aujourd'hui employée. Toutefois on pourra se convaincre, par les citations que nous donnons en note, que les auteurs qui se piquaient d'un peu d'érudition ainsi que les poëtes ont généralement conservé le nom officiel d'*Arar*, qu'on ne trouve au contraire que rarement dans les chartes et dans les diplômes (1). Un

de Augustoduno promovens, Cabillonum perrexit. Ingressus in urbem, urbs in crastino nescioque casu maxime tota incendio dehorematur. Flaochatus judicio Dei percussus, vexatus a febre, conlocatur in scapham, evectu navali per Ararim fluvium, qui cognominatur Saoconna, Latonam properans, etc. » Idem, cap. XLII : « Chlotarius paullatim, ut convenerat, post tergum, cum exercitu sequens, usque Ararim Saogonnam (des manuscrits portent Sauconnam, Sagonam) fluvium pervenit. »

(1) Voici les auteurs qui, du VIIe au XIIIe siècle, ont employé conjointement les mots *Arar* et *Sagona* ou ses dérivés pour désigner la Saône : Le moine Aimoin, auteur de la chronique intitulée : *De Gestis Francorum* (Ararim usque fluvium qui nunc Sagona dicitur. Dom Bouquet, tome III, p. 117; — in scapha per Ararim. Idem, p. 137); — Hugues, abbé de Flavigny, auteur de la chronique dite de Verdun (Burgundiones habitabant circa Rhodanum et Ararim. Idem, p. 354); — l'auteur de la vie de S. Trivier (juxta fluvium Araris, sive Sagonnæ. Idem, p. 412); — Théodulphe, évêque d'Orléans, dans son poème sur son voyage dans la Narbonaise comme « missus dominicus » (Arar, fluvius Galliæ. Dom Bouquet, tome V, p. 415); — la chronique saxonne (quidquid à Garumna protenditur in Pyreneum, Aquitania appellatur, hinc Rhodano et Arari, atque inde Mediterraneo mari colimitans. Dom Bouquet, tome VI, p. 218); — les annales de S. Bertin (utriusque partis castra Arare fluvio dirimente. Dom Bouquet, tome VII, p. 61); — la chronique de Bèze, écrite au XIIe siècle par le moine Jean (est locus inter fluvium Araris et Sagonnæ et fluvium quem Tila vocant. Dom Bouquet, tome IX, p. 19). — La plupart des titres officiels du Xe siècle, notamment les bulles des papes et les diplômes des rois Raoul, Louis d'Outremer, Conrad et Rodolphe, ont conservé presque exclusivement le mot *Arar*. (Voir dom Bouquet, tome IX, pp. 28, 570, 602 et 674.) On trouve aussi, d'après M. Canat de Chizy (*Topographie des cours d'eau du département de Saône-et-Loire*), le mot *Arar*, employé dans le procès-verbal du concile de Chalon en 915, dans le cartulaire de Cluny (945, 951, 971, 993, 1032(et même,

exemple frappant de cet emploi du mot *Arar* nous est fourni par l'auteur du panégyrique en vers de Bérenger, roi d'Italie, pour lequel la Saône devient la personnification du royaume de Bourgogne cisjurane (1).

selon Pérard, p. 196, dans une charte de Gauthier, évêque de Chalon en 1087, au sujet de l'église de Sainte-Marie : « super ripam Araris. » Le mot *Sagona* se trouve exclusivement dans : la translation du corps de S. Dizier, évêque de Vienne (per Saonam et Rhodanum corpus mittunt. Dom Bouquet, tome III, p. 490); — les chroniques de Saint-Denis (une rivière qui est appelée *Sagonne*. Idem, p. 268); — une chronique abrégée écrite vers l'an 840 (Carlus filius ejus regnum accepit ultra Segonam. Idem, tome V, p. 29); — la chronique d'Adon (super ripam Sicaniæ fluvii. Idem, tome II, p. 670); — l'historien Nithard (ad exortum Saugonnæ et sic per Saugonnam. Idem, tome VII, p. 30); — un fragment de l'histoire des Francs (conscensis navibus, tandem per Sequanam et Sagonam, Galliæ maxima, flumina, tendens. Idem, tome VIII, p. 300); — puis dans les chartes et diplômes suivants : Testament de S. Léger, évêque d'Autun, année 653 (pièce probablement fausse, publiée par Pérard, p. 3, où on lit : « de Tiliniaco villa quæ.... est super fluvium Sagonam; ») — charte de Charles-le-Chauve en faveur de l'église d'Autun (quamdam villam quæ vocatur Tiliniacus super fluvium Sagonam. Idem, p. 19); — dans les chartes de Cluny (fluvius Sagonne, 993; Sagunna, XIe siècle); — celles de La Ferté (aqua Sagonne, 1171; Soana fluvius, 1215, 1219, la Broisse ultra Sagonem, 1215; Sauna, 1232); — dans Chifflet (Saonna, 1237, aqua Sagonne 1251, Sagana 1268, Soonne 1266); Saone (1286, archives de l'église de Chalon); Segona (1318, Juénin); Sagonna (1362, Perry); Soosne (1395, dom Plancher); la rivière de Soigne (1428, archives de Saint-Marcel-les-Chalon). — Les archives de la Haute-Saône donnent les formes suivantes : Secunnam (H. 270, Fonds de Cherlieu, 1209); Saonam (H. 367. Fonds de Clairefontaine, 1212); Sone (H. 330, Fonds de Cherlieu, 1336); Sagonam (H. 493, Fonds de Faverney, 1303.)

(1) Dom Bouquet, tome VIII, p. 108. \De laudibus Berengarii Augusti :

 « .... Omnibus idem.
 Dum perstaret amor, raperet ne gaudia Rhenus
 Aut Araris spectata diu, glomerantur in unum
 Ausonii proceres, ac talia nuntia Regi
 Ire jubent. »
Idem, p 119, de laudibus Berengarii Augusti, lib. III. (Discours

Après avoir donné la nomenclature des différents noms qu'a reçus la rivière que nous étudions, nous croyons devoir exposer les diverses étymologies proposées pour ces dénominations. Il faut remarquer d'abord que rien n'est plus conjectural que la fixation des étymologies des noms topographiques. Les changements qu'ils ont subis, en effet, n'ont porté généralement que sur les terminaisons, qui se sont altérées naturellement en passant d'une langue à une autre, du grec et du latin, par exemple, à la langue d'oïl puis au français moderne. Quant aux radicaux qui seuls peuvent avoir une signification spéciale, tirée, s'il s'agit d'une rivière, soit de l'origine du cours d'eau, soit de son régime et des contrées qu'il arrose, ils ont été ordinairement peu modifiés. Or, ces radicaux appartiennent aux idiomes antiques des aborigènes qui peuplèrent primitivement le pays traversé par la rivière dont le nom est à expliquer. Le radical d'un nom de lieu a été rarement traduit dans une langue secondaire, si nous pouvons employer ce mot dans ce sens; il est resté, au contraire, presque toujours le seul débris de langues dont la connaissance précise nous est à jamais perdue.

Pour la Gaule, les habitants primitifs furent-ils les peuplades que l'antiquité a connues sous le nom de Celtes ou bien des tribus aryennes antérieures à l'époque historique? C'est ce que l'état de la science ne permet pas encore d'affirmer. Un jour peut-être il sera permis de connaître avec certitude le sens des noms des principaux cours d'eau de notre pays, lorsque les travaux philologiques sur les langues aryennes auront déterminé la signification exacte d'un certain nombre de radicaux qui n'ont pu nulle part se conserver sans altération mieux que dans les appellations géographiques. En attendant il ne nous semble pas inopportun de rapprocher

d'Arnoul, roi de Germanie, envoyant son fils Sinbald déclarer la guerre à Bérenger, roi d'Italie.)

« . . . . et totos Araris vacuabo furores. »

les différents noms des fleuves, rivières, et même des ruisseaux de la France, en les comparant avec les conditions semblables ou contraires de leurs cours. Il peut jaillir de ces rapprochements quelque lumière. C'est le travail que nous allons faire pour la Saône.

Avant de passer en revue les principales étymologies présentées par les érudits, tant anciens que modernes de ces deux noms d'*Arar* et de *Sauconna*, cherchons à déterminer s'ils ont toujours coexisté ou si, au contraire, l'un est antérieur à l'autre. Cette question n'est pas nouvelle. Elle a déjà été posée par M. Canat de Chizy, qui en même temps lui a donné la réponse suivante : « Lorsque la Saône, dit-il, paraît dans les monuments écrits, elle porte le nom d'*Arar*. C'est ainsi que César, les anciens géographes et les premiers auteurs latins la nomment. Ce nom resta longtemps officiel dans la langue latine, mais à côté de lui on vit bientôt paraître celui de *Sagonna*. A quels idiomes ces deux noms appartiennent-ils ? et doit-on attribuer l'apparition du second à l'influence des invasions germaniques, avec lesquelles elle paraît coïncider ? C'est un cas de philologie historique que nous ne pouvons aborder ici. Il n'est pas possible de fixer le moment où le nom d'*Arar* fut définitivement abandonné ; à vrai dire, il ne le fut jamais complétement, car pendant plusieurs siècles, les deux noms furent simultanément employés. Ammien Marcellin paraît considérer *Sagonna* comme un surnom *(Ararim quem Sauconnam appellant)*, et longtemps après lui, c'est encore l'opinion de Frédégaire *(Araris fluvius qui cognominatur Saucona)*. Les diplômes anciens s'en servent indifféremment. Souvent les deux noms figurent réunis dans les mêmes chartes, et on trouve, jusqu'au XIIe siècle, des traces de cet emploi simultané *(fluvium Araris vel Siguna,* chronique de Bèze; — *flumen Araris quod et Sagunna vocatur,* cartulaire de Cluny, XIIe siècle). Il semble toutefois qu'Arar resta longtemps le nom favori des lettrés, tandis que *Sagonna* passa progressivement de la langue populaire dans les actes officiels. Le nom d'*Arar* n'a jamais varié ; celui de *Sagona*, au contraire, avant d'arriver à la forme moderne, a subi de nombreuses altérations. Sa forme véritable est *Sagona*, qui est devenu tour à tour, *Saoconna*, *Sangona*, *Segonna*, *Sogonna*, *Seguna*, *Sagunna*, *Sagana*, *Soana*, *Saona*, *Soonne*, *Sooine*, *Soigne*, etc., et enfin Saône (1). »

Nous ne pouvons adopter qu'une partie de ces conclusions. Les textes que nous avons rapportés démontrent bien, en effet, que les noms d'*Arar* et de *Sagona* ont été employés simultanément pendant la plus grande partie du moyen âge, et c'est surtout dans les œuvres ayant quelque prétention littéraire qu'on rencontre le premier. Mais nous ne saurions voir, comme semble l'indiquer M. Canat de Chizy, dans le mot *Sagona* un surnom dû à l'influence des invasions germaniques. Ce nom apparaît, il est vrai, pour la première fois dans Ammien Marcellin, auteur du IV° siècle ; mais il nous semble, comme nous l'avons déjà dit, que l'historien a constaté un fait qui existait déjà depuis longtemps, c'est-à-dire qu'à côté du nom officiel et gréco-latin d'*Arar*, la langue vulgaire parlée dans les Gaules, cette langue gauloise dont il est question dans Sulpice Sévère, et qui devait être formée d'un mélange de latin et de celtique, se servait du mot *Sauconna* pour désigner la même rivière. M. Alfred Jacobs ne craint pas d'avancer que ce dernier nom est peut-être d'une plus haute antiquité que le premier et qu'il devait être d'un usage plus répandu (2). Ce qui nous fait partager cette opinion, c'est que, comme nous l'avons déjà fait remarquer, Strabon semble avoir confondu la Seine avec la Saône, à cause de la similitude de leurs dénominations. Il dit, en effet, que les Séquanais tirent leur nom d'un cours d'eau appelé *Sequana*

____

(1) *Topographie des cours d'eau du département de Saône-et-Loire*, par M. Canat de Chizy.

2) Alfred Jacobs, *Géographie de Grégoire de Tours et de Frédégaire*

qui traverse leur pays ; or jamais la Seine n'a traversé la Séquanie ; c'est la Saône qui arrose cette contrée et lui a probablement donné son nom. Aussi il y a toute vraisemblance que déjà, au premier siècle de notre ère, les habitants de ces rives la désignaient par un vocable se rapprochant du mot *Sequana*, celui de *Sauconna* par exemple. Nous sommes persuadé que c'est à cette similitude des noms de la Seine et de la Saône qu'est due la méprise de Strabon. D'ailleurs, cette ressemblance a persisté longtemps. La Seine est appelée *Sequana* par les plus anciens auteurs, depuis César jusqu'à Grégoire de Tours. Frédégaire la nomme *Segona*, son second continuateur *Segonna*, et quand la rapidité de la prononciation aura fait disparaître l'o, on aura *Segna*, presque le nom actuel, dit M. Alfred Jacobs (1). Or des diplômes que nous avons cités plus haut appellent aussi la Saône *Segonna*. On peut remarquer enfin qu'en passant dans le vieux français, les noms de ces deux cours d'eau ont persisté à conserver la même forme. La charte des franchises et priviléges accordés aux hommes du duc de Bourgogne à Châtillon-sur-Seine, en 1213, appelle cette localité *Chastillon-sur-Soigne* (2), et deux documents, l'un provenant des archives de Saint-Marcel de Chalon (3), et l'autre de celles de l'abbaye de Clairefontaine, désignent la Saône sous le nom de *Soigne* (4). On ne saurait donc mettre en doute la commune origine de l'appellation de ces deux rivières, et quelle que soit la signification encore peu certaine des noms de la Seine et de la Saône, il est permis d'affirmer qu'ils ont le même radical celtique ou aryen. L'erreur de Strabon s'explique aussi quand on réfléchit à la difficulté qui devait exister pour un auteur

---

(1) Alfred Jacobs, *Géographie de Grégoire de Tours et de Frédégaire.*
(2) Perard, chartes bourguignonnes, p. 300.
(3) Canat de Chizy, *Topographie des cours d'eau de Saône-et-Loire.*
(4) Archives de la Haute-Saône. Fonds de Clairefontaine. H. 367.

grec de distinguer deux fleuves coulant à peu près dans les mêmes *régions* et portant des noms presque identiques. Il a su qu'une rivière appelée *Sauconna* traversait la Séquanie, et au lieu de l'assimiler à l'*Arar,* il a cru que c'était la Seine. Quoi qu'il en soit, cette erreur est pour nous la preuve de la coexistence des deux noms d'*Arar* et de *Sauconna,* dès la plus haute antiquité. On ne peut donc rapporter l'apparition de ce dernier terme dans Ammieu Marcellin à l'influence des invasions germaniques.

Bien des étymologies ont été proposées pour expliquer le sens de ces mots *Arar* et *Sauconna ;* le latin, le celtique, les idiomes germaniques ont été tour à tour mis à contribution pour les fournir.

D'après le P. Penon, *Arar* viendrait du mot celtique *arat,* d'où les Latins ont fait *arare,* labourer, et *aratrum,* charrue, que les Gaulois nommaient *arar.* Les Gaulois, dit-il, auraient voulu exprimer par là que la Saône va lentement (1).

Ar en langue celtique, disent Gollut et Goropius, signifie *tardif,* d'où les mots *tard, tarder, arrêter, retard, barrer, barrière,* tous de même origine. *Ar-Ar* est le superlatif très-tardif. *Ar* désignerait encore *la terre cultivée* dans la langue celtique, d'où *Ar-Are,* labourer la terre. Comme cette rivière, dit M. Girault, coule au milieu d'un bassin très-fertile, elle aura pu en recevoir le nom d'*Arar* (*tertiam partem Agri Sequani qui esset optimus totius Galliæ. —* César, *De Bello Gallico,* lib. X) (2).

On sait, dit Bacon-Tacon (*Origines celtiques du Bugey,* tome I. p. 181), que la Saône, en latin *Sauconna,* s'appelait précédemment *Ar-Ar,* nom honorifique qui signifie *la rivière-rivière* ou la rivière par excellence (3). Bullet, dans

(1) Valentin Smith, *Monographie de la Saône,* p. 38.
(2) Idem, p. 31.
(3) Idem.

son *Dictionnaire celtique*, donne au mot *Arar* le sens de lent, tardif (1). Chevalier veut qu'il signifie barrière (2).

Quant aux étymologies présentées pour le mot Saône, elles ne sont pas moins nombreuses. Gollut et Paradin prétendent que cette rivière a été appelée *Sauconna* parce que ses eaux avaient été teintes du sang des martyrs. « Depuis le temps de Septimus Severus, dit Paradin, la Saône fut nommée *Saugona, a sanguine martyrum*, du sang des martyrs. Ainsi est nommée par Ammianus Marcellinus..... et ne se faut esbahir de ce nom, car il fut dès lors fait tel carnage et boucherie des poures citoyens lyonnois pour la querelle de la foy chrétienne, que la rivière de la Saône, toute teinte de sang, en regorgea jusques vers Mascon; et en perdit ce fleuve son nom antique, en prenant un autre de ce sanglant massacre, qui lui est demouré jusques aujourd'hui (3). » Pour Coulon, « la Saône est la plus vénérable des rivières du monde pour avoir été consacrée du sang des martyrs de la foy. » Mais le P. Ménétrier ne voit pas avec raison « d'autorité bien seure pour établir cette étymologie (4). »

Bullet prétend que le mot Saône a la même signification que celui d'Arar et qu'il désigne, en langue celtique, la lenteur du cours de cette rivière. « *Sach*, *Sag*, dormante en parlant de l'eau; *on*, rivière. Il en est de même du nom de *Brigulus* que l'on trouve dans le *Traité des Fleuves* faussement attribué à Plutarque. *Bru*, rivière, cours d'eau; *goul*, qui dort (5). »

Chevalier, dans une dissertation à laquelle il a consacré plusieurs pages, a recherché quel était le vrai nom des Séquanais et d'où il était emprunté. Ses conclusions sont

(1) *Dictionnaire celtique*, tome III.
(2) *Histoire de Poligny*, tome II.
(3) *Histoire de Lyon*, p. 4.
(4) *Préparation à l'histoire consulaire de Lyon*.
(5) *Dictionnaire celtique*, tome III.

qu'il y a similitude de formes entre le nom de ce peuple et celui de la Saône. Accommodé au génie et au tour de la langue latine par les auteurs qui la parlaient, il est rendu, dit-il, par *Secani, Sequani,* tandis que les écrivains du moyen âge, Francs ou Bourguignons, ayant plus d'égards à l'idiome celtique, ont nommé les Séquanais *Segons,* comme on le trouve dans Aimoin, moine de Fleury. Puis il décompose ainsi le mot *Segonna* que les écrivains latins avaient traduit par *Arar,* barrière, qui représente la même idée : *bonna* avec retranchement du *b* en composition, *onna,* borne; *Segonna* serait la *Segonum bonna,* la limite des Séquanais. *Onne,* selon lui, est le terme commun qui, dans sa signification celtique naturelle, désigne une eau, une rivière quelconque ; et comme les rivières séparaient ordinairement les peuples et les nations, on a attaché à ce mot l'idée de limite. *Sek* ou *seg* est le terme qui détermine et particularise le premier. Quant à ce dernier mot, qui est le radical de *Secani,* Chevalier pense qu'il a le même sens que *secare,* couper, *seges,* moisson coupée, et que *Siken, Seken,* qui, en langue germanique, signifie un faucheur, un moissonneur, celui qui se sert de la faux ou de la faucille, arme qu'employait à la guerre ce peuple belliqueux, et qui lui aurait ainsi donné son nom.

Telles sont les principales étymologies proposées pour expliquer la signification des noms d'*Arar* et de *Sauconna.* Nous nous garderons bien d'en choisir une parmi celles que nous venons d'exposer, ni d'en avancer une nouvelle. Nous nous contenterons de faire remarquer que le radical *Ar,* qu'il désigne soit une rivière quelconque, soit un cours d'eau peu rapide, a formé un nombreux groupe de noms de rivières et de ruisseaux. Ainsi dans les départements de Saône-et-Loire, de l'Yonne, de l'Ardèche, de l'Ariége, en Suisse, etc., on trouve des cours d'eau dont les dénominations ont sans doute la même origine ; ce sont : l'Arroux, l'Aar, l'Armençon, l'Ardèche, l'Ariége et même l'Hérault,

appelée par Strabon *Arauraris*, et par Ptolémée *Arauris*
Quant au mot Saône, on en retrouve aussi le radical dans les
noms de Seine, Somme, Sornin (*Sona fluvius*), Sane, etc.;
ces deux dernières rivières coulent dans le département de
Saône-et-Loire et se jettent dans la Saône.

Mais il est impossible de donner actuellement la signification certaine de ces deux radicaux. On admet généralement
qu'ils se rapportent au régime des eaux des rivières auxquelles
ils s'appliquent, et comme presque toutes ont un cours très-
lent, ce serait ce peu de rapidité qu'ils désigneraient. N'est-
ce pas, en effet, la lenteur qui est le caractère distinctif de la
Saône, celui qui a dû frapper, au premier aspect, les yeux et
l'esprit des Gaulois, comme plus tard il devait être l'objet
d'une remarque spéciale de la part de César, Lucain, Stace,
Claudien, Sidoine Apollinaire, et de presque tous les auteurs
de l'antiquité, chez qui on ne rencontre jamais le nom
d'Arar sans l'épithète de *lentus, tardus, piger, mollis, dubi-
tans, segnis*, etc.

II

AFFLUENTS DE LA SAÔNE.

Nous nous proposons d'examiner successivement les principaux affluents de la Saône dans les cinq départements qu'elle traverse, en donnant leurs noms anciens et les particularités les plus remarquables que nous avons pu recueillir sur leurs cours.

Département des Vosges.

L'Apance prend sa source dans la Haute-Marne; elle sépare, à son embouchure, le département des Vosges de celui de la Haute-Saône. D'après Bullet, son nom serait un diminutif du mot celtique *Apan*, rivière, *Apance*, petite rivière (1). Nous n'avons pas pu retrouver le nom ancien soit avec la forme latine, soit avec la forme romane.

Département de la Haute-Saône.

Rive droite. — La Mance se jette dans la Saône à deux kilomètres au-dessous de Jussey, après un cours de dix-neuf kilomètres. Elle prend sa source au village de Mollandon, à dix kilomètres de Langres. Dans le traité passé en 1295, entre Olivier, abbé de Faverney, et Jeanne, comtesse de Bourgogne, au sujet des limites de leurs possessions respectives, cette rivière est appelée *Amaciens*. Il est spécifié que la propriété en reste à Jeanne, comtesse de Bourgogne, et en restera à ses héritiers, seigneurs de Jussey, mais que ni elle

(1) *Dictionnaire celtique*, tome I, p. 140.

ni ses successeurs ne pourront établir, sur ledit cours d'eau, de moulins depuis le lieu dit le Pont-Ainglet jusqu'à la Saône, ni apporter, de quelque manière que ce soit, quelque dommage au moulin de Chamont appartenant à l'abbaye, ou quelque détérioration à son écluse. L'abbaye pourra réparer ledit moulin ou en construire un nouveau, placer des nasses ou autres engins pour prendre du poisson dans le bief, réparer ou même reconstruire le Pont-Ainglet (1). On voit aussi qu'en 1270, l'abbaye de Cherlieu céda par un échange à Philippe, seigneur de Chauvirey, son droit de pêche dans la rivière dite *de Amancia* (2). Bullet prétend que le nom de ce cours d'eau lui vient du mot celtique *Aman*, qui signifie graisse, et cela à cause du limon qu'elle répand dans ses débordements et qui fertilise les prairies (3).

L'Ougeotte. — Ce ruisseau, qui prend sa source sur les confins des départements de la Haute-Marne et de la Haute-Saône, a un parcours d'une douzaine de kilomètres. Il est cité dans deux titres de l'année 1239 et appelé *Ogete*, puis *Huiotte* (4).

La Gourgeonne prend sa source à Gourgeon et se jette dans la Saône après un cours d'environ quinze kilomètres.

Le Vannon, ruisseau formé de la source de Fouvent qui est appelée, dans les anciens titres, *fons Vannœ* (5). Les

(1) Archives de la Haute-Saône. H. 493. Cartulaire de Faverney. « Super limitationem finium de Faverney, Amance, etc., de Molendino de Chamont, furno de Baulay, etc., concordatum inter abbatem Olivierum et Johannam de Burgundiâ (anno 1295). » — « Dominium vero riparie seu fluminis que vulgariter dicitur Amaciens ipsi Johanne predicte reveniet, etc. »

(2) Archives de la Haute-Saône. H. 369.

(3) *Dictionnaire celtique*, tome I, p. 140.

(4) Archives de la Haute-Saône. H. 290. « Donation de la moitié du moulin de la Perrière-sur-l'Ougeotte à l'abbaye de Cherlieu : » medietatem molendini de Petrariâ super Ogete (1239); — idem, idem, « super Huiotte. »

(5) Archives de la Haute-Saône. H. 367. Fonds de Clairefontaine.

documents des deux derniers siècles désignent souvent aussi le Vannon sous le nom de Nervain (1).

Le Salon se jette dans la Saône au-dessus d'Autet, après un parcours de quarante kilomètres. Il prend sa source dans les environs de Saulles, département de la Haute-Marne. Des titres de 1259 et de 1311 l'appellent *riparia de Salone* (2); et les documents des deux derniers siècles *Saalon* ou *Saulon* (3).

RIVE GAUCHE. — Le Côney prend sa source dans le département des Vosges et se jette dans la Saône à Corre. Au moyen âge, il était désigné sous le nom de rivière de Selles, ce qui semble indiquer que l'appellation actuelle est relativement moderne (4).

La Superbe, ruisseau qui tombe dans la Saône au-dessous d'Amance. L'abbaye de Clairefontaine avait établi de nombreux moulins sur ce cours d'eau, appelé déjà, au XIIIᵉ siècle, de *Superbâ* (5).

La Lanterne prend sa source près du village du même nom et se jette dans la Saône à Conflandey, après un cours d'environ cinquante kilomètres. Cette rivière est mentionnée pour la première fois dans la relation des miracles des SS. Berthaire et Attalène, dont les têtes, séparées du tronc,

(1) L. Suchaux, *Dictionnaire des communes de la Haute-Saône*, verb. VANNON.

(2) Archives de la Haute-Saône. H. 808. Fonds de l'abbaye de Theuley. « Odo dominus domni petri super Salonem (avril 1259); » — « usque ad ripariam de Salone (1311). »

(3) L. Suchaux, *Dictionnaire des communes de la Haute-Saône*, verb. SALON.

(4) Archives de la Haute-Saône. H. 400. Fonds de Clairefontaine. Donation à cette abbaye par Foulques, seigneur de Merincourt, et Élisabeth, sa femme, de la moitié du moulin, du fouloir et du battoir établis sur la rivière de Selles, « iu riverià de Celles. » (Juin 1271.)

(5) *Histoire de l'abbaye de Clairefontaine*, par l'abbé Brultey.

furent jetées dans ses eaux et y surnagèrent longtemps (1).
C'est vers l'an 767 que ce fait miraculeux se serait passé,
mais le récit n'en aurait été composé que dans le milieu du
XIe siècle. Quoi qu'il en soit, ce cours d'eau y est nommé
Lentana, nom qui subsista pendant tout le moyen âge, et
que les premiers titres, en langue vulgaire, traduisirent par
Lantenne, orthographe préférable à celle de *Lanterne*, qui a
pourtant prévalu dans les nomenclatures officielles.

La Lanterne, après avoir reçu le Breuchin à Ormoiche (2)
et la Sémouse à Conflans, où les abbayes de Cherlieu et de
Faverney avaient au moyen âge des pêcheries importantes,
traverse Faverney qui est assimilé à l'ancien *Fauriniacus* de
Frédégaire, et tombe dans la Saône un peu plus bas (3).

La Romaine prend sa source à Fondremand (*fons Romano-*
rum), où il y avait, dit la tradition, un établissement romain,
et se jette dans la Saône après un parcours de vingt-cinq
kilomètres (4).

Le Drugeon, qui passe à Gray, est appelé, en 1355, rivière
du Drugeon, et en 1410, rivière *dou Drougeon* (5).

L'Ognon prend sa source à Château-Lambert, sur les

(1) Archives de la Haute-Saône. H. 493. Cartulaire de Faverney.
Acta sanctorum Bertarii et Attaleni (767) « ut capita clericali more
tonsurata mergerent in Lentauam fluvium. »

(2) Une inscription lapidaire dont l'authenticité est fort douteuse,
si on veut la rapporter à l'époque romaine, mais qui peut toutefois
remonter au VIIe ou VIIIe siècle de notre ère, et que conserve
l'établissement thermal de Luxeuil, indique qu'un autel était consacré dans cette ville à la déesse *Brixia*, divinité topique et person-
nifiant les eaux du Breuchin, selon les archéologues.

(3) Archives de la Haute-Saône. H. 330. Fonds de Cherlieu.
Donation par Girard de Fouvent à l'abbaye de tout ce qu'il possédait dans les pêcheries de Conflans (1162). — Frédégaire, chap. xxix :
« Vulfus patricius, idemque Brunichilde instigante consilio, qui in
mortem Protadii consenserat, Fauriniaco villa, jubente Théuderico,
occiditur. »

(4) L. Suchaux, *Dictionnaire des communes de la Haute-Saône*,
verb. LA ROMAINE.

(5) Archives de la Haute-Saône. H. 456. Fonds de l'abbaye de

limites des départements de la Haute-Saône et des Vosges. Il
coule du nord-est au sud-ouest jusqu'à Villersexel ; à partir
de ce point, il sépare le département de la Haute-Saône de
ceux du Doubs, du Jura et de la Côte-d'Or, jusqu'à son
confluent avec la Saône à Broye-les-Pesmes. C'est dans la
Cosmographie de l'Anonyme de Ravennes, qui écrivait, d'après
l'opinion générale, vers le milieu du VII° siècle après Jésus-
Christ qu'apparaît pour la première fois la mention de l'Ognon,
appelé alors *Logna*. Il se trouve énuméré parmi les fleuves
qui arrosent le pays des Francs avec le Nied, le Doubs, la
Meuse, la Roër (1). L'abbé Henneric, l'auteur de la *Légende
des miracles de S. Valbert, abbé de Luxeuil*, raconte que
Drogon, fils naturel de Charlemagne, évêque de Metz et abbé
de Luxeuil, séjournant dans les environs de cette localité
pour y goûter le repos de la campagne, vint sur les bords
d'une rivière appelée l'Ognon (*Lignonem*) afin d'y pêcher ; là,
en poursuivant un poisson d'une grosseur monstrueuse, il
tomba tout à coup dans l'eau et s'y noya (2).

A côté du mot *Ligno*, généralement employé dans les titres
du moyen âge pour désigner ce cours d'eau, on trouve ceux

Corneux. Traité entre les habitants de Gray et cette abbaye au
sujet de la rivière du Drugeon, que l'on veut faire venir à Gray
pour les besoins de la ville (13 mars 1355). — H. 479. Donation
par Jean d'Ancier, du consentement de Béatrix, sa femme, du droit
de pêche dans la rivière « *dou Drougeon*, » à l'exclusion des habitants
de Sauvigney, à l'abbaye de Corneux (23 mai 1410).

(1) Dom Bouquet, tome I, p. 119. Ex libro IV Cosmographiæ
Ravennatis « In quâ patriâ Francorum plurima transeunt flumina,
id est Logna (forte Ligno, Loignon, comitatûs Burgundiæ fluvius),
Nida (le Nied), Dubra (tab. Peutinger. Dubris, le Doux), Movit
(forte Mosa), etc. »

(2) Adrien de Valois, *Notitia Gall.*, verb. Ligno fluvius. « Hic
interdum illc solito commoratus, dum amænitate locorum fruitur,
Lignonem vicinum fluvium, gratiâ piscandi, aggressus, dum piscem
immanem sequitur, aquis lapsus subitò præfocatur. »

de *Lunio* et *Unio* (1). Une charte, en langue vulgaire, de 1270,
l'appelle la rivière de Loignon (2). Parmi ses affluents, nous
devons remarquer la Linotte, petite rivière qu'il reçoit à
Loulans et dont le nom semble n'être qu'un diminutif de celui
de l'Ognon, si on adopte l'orthographe ancienne de ce mot
et si on écrit *Lignon* ou *Lognon*. En effet, dans un titre de
1257 par lequel l'archevêque de Besançon et Hugon, seigneur
de Guiseuil, mettaient fin à une contestation qu'ils avaient au
sujet de la pêche de la Linotte, ce cours d'eau est appelé
Lignotte (3).

Bien des étymologies ont été proposées pour expliquer la
signification du mot *Lougnon* ou Ognon. Nous nous contenterons, comme nous l'avons fait pour la Saône, de les exposer
sans nous hasarder à prendre parti dans une matière si con-
jecturale. Suivant Gollut, le nom de l'Ognon peut avoir été
emprunté à l'italien *Oglio*, dit en latin *Ognio, Onio*. Dunod
le fait venir du mot tudesque *ligen*, qui se prononce *lign*, et
qui signifie *être en repos*, *jacere*. La raison qu'il en donne,
c'est que le cours de l'Ognon est fort tranquille et que ses eaux
semblent dormir. Mais, comme le fait justement remarquer
M. Suchaux, le savant historien du comté de Bourgogne
n'avait certainement pas vu l'Ognon entre Château-Lambert
et Villersexel. De sa source, qui est à 695 mètres de hauteur
absolue pour venir à Villersexel, où l'altitude n'est plus que
de 266 mètres, la rivière a nécessairement un cours rapide,
torrentueux, et non le cours tranquille et dormant dont parle
Dunod. Or nous ne voyons pas pourquoi l'Ognon, qui peut
être considéré comme une rivière très-peu rapide à partir de

____

(1) L. Suchaux, *Dictionnaire des communes de la Haute-Saône*,
verb. Ognon.

(2) Archives de la Haute-Saône. H. 467. Fonds de l'abbaye de
Corneux. « Accord entre cette abbaye et celle d'Acey au sujet de
la pêche de la *rivière de Loignon* (1270). »

(3) L. Suchaux, *Dictionnaire des communes de la Haute-Saône*,
verb. Verchamp.

Villersexel, devant Montbozon, Voray, Marnay et Pesmes,
aurait pour la plaine une étymologie qui ne serait pas justi-
fiable pour la montagne (1). Chifflet, sans proposer d'étymologie, fait remarquer que ce sont les écrivains modernes qui
ont abusivement substitué Ognon (cœpa) à *Lignon, Lougnon*
ou *Lognon* : « *Ligno, Linio, fluvium vulgo Lougnon, quem
recentiores imperiti cœpinam et cœpe dicunt.* » Bullet adopte
aussi l'orthographe ancienne. « Le Lougnon, dit-il, *Ligno*
dans les anciennes chartes, est abusivement appelé Ognon ; »
puis il ajoute que le mot *Ligno* signifie : « qui ronge ses
bords. » *Liz*, bords ; *Choi*, en composition *Gnoi*, ronger,
d'où le mot celtique *Lizgno*, traduit en latin par *Ligno* (2).
A cette étymologie celtique M. Suchaux en oppose une toute
latine. « L'Ognon, dit-il, a sa source au sud-est de Château-
Lambert, dans une vaste forêt située à 695 mètres de hauteur absolue. Avant d'arriver à Melisey, qui n'a plus que
337 mètres d'altitude, il traverse des broussailles entraînant
dans son lit, lors des grandes eaux, des arbres, des troncs
d'arbre et même des fragments de rocher. A cause de la
position de sa source dans les bois, à cause aussi de son
cours impétueux dans les bois, on a pu le nommer *Ruisseau
du bois ou des bois,* et en latin *Lignum, Ligno, Linio,* puis
en patois *Lignon, Lougnon, Lognon* (3). »
Qu'il nous soit permis de rapprocher du nom de cette
rivière celui d'un cours d'eau du Forez appelé aussi *Lignon,*
qui doit une grande célébrité à l'Astrée d'Honoré d'Urfé.
M. Emile Montégut, qui fait aussi ce rapprochement, en conclut que les populations foreziennes sont originaires de la
Séquanie, et que, transportées *more romano* par César entre

(1) L. Suchaux, *Dictionnaire des communes de la Haute-Saône,*
verb. VERCHAMP.
(2) Bullet, *Dictionnaire celtique,* tome III.
(3) L. Suchaux, *Dictionnaire des communes de la Haute-Saône,*
verb. VERCHAMP.

la Loire et l'Allier, elles ont donné aux rivières de cette région les noms de celles de leur pays d'origine (1). Nous croyons plutôt que les deux cours d'eau du Forez et de la Franche-Comté doivent la similitude de leur appellation, similitude incontestable d'ailleurs, aux analogies que présentent soit leurs sources, soit leurs cours, dont les caractères saillants ont frappé l'esprit des peuples primitifs et leur ont fait donner des noms identiques. Mais quelle est la signification de ce nom? Peut-être que la connaissance approfondie de la langue aryenne, dont l'étude est à peine ébauchée, donnera l'explication de la plupart des noms géographiques de la France, entre autres des dénominations des fleuves et des rivières. Mais, en attendant, on en est réduit aux hypothèses que nous venons de rapporter.

Département de la Côte-d'Or.

RIVE DROITE. — *La Vingeanne.* — Cette rivière, qui prend sa source à la Garenne dans la Haute-Marne, traverse Montsaugeon, Montigny, Saint-Seine, Rosières, Talmay, et se jette dans la Saône à Pontailler après un cours de cinquante-six kilomètres. C'est sur ses bords, à Renève, que Brunehaut, captive de Clotaire II, fut attachée à la queue d'une cavale indomptée. Aussi Frédégaire, à qui nous devons le récit du supplice de Brunehaut, mentionne-t-il ce cours d'eau sous le nom de *Vincenna fluvius* (2). Aimoin, qui n'a guère fait que transcrire le passage de Frédégaire, l'appelle aussi *Vincenna* (3). C'est aussi sous ce nom qu'il est désigné dans les

(1) *Revue des Deux-Mondes*, 15 mai 1874. Impressions de voyage et d'art.

(2) Dom Bouquet, tome II, p. 429. Ex Fredegarii scholastici chronico, cap. XLII : « Brunichildis ab Herpone comestabulo de pago Ultrajurano ex villâ Urbâ unacum Theudelane Theuderici germanâ producitur, et Chlotario Rionava vico super Vincenna Fluvio præsentatur. »

(3) Aimoin, lib. IV, cap. 1 (cité par Adrien de Valois).

Annales de S. Bertin, lorsqu'elles racontent le massacre des Normands que firent sur ses rives, en 879, les rois Charles, Louis et Carloman (1). Adrien de Valois fait remarquer que la dénomination de cette rivière a été souvent dénaturée par les géographes et par les historiens. Les uns, dit-il, l'ont appelée *Vingenne*, d'autres *Vigenne*, puis par corruption *Navigenne*. Samson la nomme *Vingenne*. Dans le cartulaire de l'église de Langres, des titres de 1238 et 1297 la désignent sous le nom de *Vigenna*; une charte de 1278 sous celui de *Vingenna*, et la chronique de Bèze, à la date de 1034, l'appelle *Vinzenna* (2). On peut remarquer que presque tous les titres antérieurs au X⁰ siècle, cités par la chronique de Bèze, emploient pour désigner ce cours d'eau le mot primitif de *Vincenna* (3); à partir de l'an 1000, on trouve la légère altération de *Vinzenna* (4); enfin, dans les siècles postérieurs, c'est *Vigenna* qui domine, ce qui explique la déformation progressive du vocable de Frédégaire, qui devait devenir le mot français *Vingenne* ou *Vingeanne*.

La Bèze se jette dans la Saône à deux kilomètres au-dessus de Pontailler après un cours de vingt-huit kilomètres. « C'est une fontaine, dit Adrien de Valois, qui, par son abondance, a mérité le nom de rivière. Sur ses bords, le duc Amalgaire établit, du consentement du roi Dagobert I⁰ʳ, un monastère

(1) Dom Bouquet, tome VIII, p. 34. *Annales de S. Bertin* (ann. 879) : « Et statim moti in illas partes (Karolus, Ludovicus et Carolomannus) in die Missæ Sancti Andreæ eos convenientes, multos ex eis (Normannis) occiderunt, et plures in Vincenna fluvio immerserunt. »

(2) Adrien de Valois, *Notitia Galliarum*, verb. Rionava.

(3) Chronique de Bèze, p. 512. Titre du IX⁰ siècle : « Donation d'un champ dans le « pagus Atoariorum, in villa Auxiliaco, » touchant d'un côté « ad Vincennam fluvium. »

(4) Chronique de Bèze, p. 560. « Donation de forêts « tam circa Besuam quam circa Vinzennam fluvios » (ann. 1034).

qui prit le nom du cours d'eau et s'appela *Besuense monasterium* (1). »

Les plus anciens documents appellent la Bèze : *Besua vel
Besuus fons* (2). Dans la chronique du monastère, on trouve
la description de la rivière qui lui a donné son nom, ainsi que
de la Tille, qui se jette comme elle dans la Saône, et dont
nous parlerons plus loin. Voici la traduction de ce passage :
« Il est un lieu, entre l'Arar ou Saône et la rivière qu'on
appelle Tille, nommé *Besuus* à cause d'une source assez
considérable qui s'y trouve, qui est dite elle-même *Besua*.
Cette fontaine donne une eau très-limpide, excellente à boire
et très-poissonneuse ; mais, contrairement aux autres sources
qui ne reçoivent le nom de rivière qu'après s'être grossies,
dans un certain parcours, des eaux d'autres ruisseaux, celle-
ci, à l'endroit même où elle sort, prend, à cause de son
abondance, le nom de fleuve. On trouve dans son lit diverses
espèces de plantes qui, lorsque les récoltes manquent,
servent à l'alimentation des indigents. Toutes les campagnes
qu'elle arrose sont rendues propres à la culture et aux
semailles. La terre est assez fertile et ne manque pas de
donner des moissons abondantes à celui qui veut la travailler ; une large étendue de prairies nourrit de nombreux
troupeaux. Dans le pourtour de son bassin s'étendent de
vastes forêts qui donnent les bois nécessaires aux constructions et aux autres usages. Tel est le lieu que le duc
Amalgaire jugea digne d'être offert à Dieu et aux saints
apôtres Pierre et Paul (3). »

La Tille se jette dans la Saône entre Auxonne et Saint-Jean
de Losne, après un cours d'environ quatre-vingts kilomètres. Elle
est formée de deux ruisseaux qui prennent leur source dans le

(1) Adrien de Valois. *Notitia Galliarum*, verb. Besuense monä-
sterium et fluviolus Besua.
(2) Chronique de Bèze, p. 560. (Note ci-dessus.)
(3) Papirius Massonius. Descriptio fluminum Galliæ.

département de la Côte-d'Or, et qui se réunissent au-dessous
de Marey. Cette rivière est souvent mentionnée, dit Adrien
de Valois, dans la chronique de Saint-Bénigne de Dijon (1).
La chronique de Bèze l'appelle *Tila* (2), ainsi qu'un échange
publié par Pérard, daté de 829 (3). Un autre titre, transcrit
par le chroniqueur de Bèze et qui doit remonter au Xe siècle,
lui donne le nom de *Thila* (4), comme Tilchâtel, appelé
castrum Thilicastri, dans un acte de 1277 (5). Ainsi, suivant
la remarque d'Adrien de Valois, on la nommait *Thila* ou
Thilus; et les deux genres ont été aussi employés pour la
désigner en français, car dans les deux derniers siècles, on
s'est servi indifféremment de Tille ou Til, mais de ce
dernier mot toujours avec le retranchement de l'*h*. Ce cours
d'eau arrose Marey, Is-sur-Tille, Tilchâtel et Favernay. Il
reçoit un affluent assez important, appelé l'Agnon, en latin
Angia, cité dans la *Vie de S. Urbain*, évêque de Langres (6).

L'Ouche prend sa source à sept ou huit lieues de Dijon,
dont elle longe les murs, et vient se jeter dans la Saône
après un cours de soixante-douze kilomètres. Le nom de cette
rivière apparaît pour la première fois dans Grégoire de Tours,
sous la forme d'*Oscarus*. Le chroniqueur en fait mention deux
fois; d'abord pour indiquer que c'est sur les bords de ce cours
d'eau que Gondebaud fut défait par Clovis et Godegisèle (7);
il en parle ensuite longuement dans sa description de la
ville de Dijon, « qui est fermée au midi, dit-il, par le cours

(1) Adrien de Valois, *Notitia Galliarum*, verb. Tila.
(2) Dom Bouquet, tome IX, p. 19. Ex chronico Besuense.
(3) Pérard, *Chartes bourguignonnes*, p. 17 : « Fulericus permutat
terras cùm Alberico episcopo, anno 829 : « De alio latere Tila fluvius
decurrit. »
(4) Chronique de Bèze, p. 523 : Donation par Landrade d'un
mans, « Thila fluvio percurrente. »
(5) Adrien de Valois (loc. cit.).
(6) Idem.
(7) Grégoire de Tours, lib. II, cap. xxxii.

de l'Ouche, rivière très-poissonneuse (1). » Deux titres
publiés par Pérard, sous la date de 841, appellent l'Ouche, le
premier, *Oscara*, et le second, *Oscia* (2). *Oscara* est encore
employé dans un acte de 907 (3). Mais c'est, sans aucun
doute, le mot *Oscia* qui a servi de type à l'appellation
française que l'on rencontre, en 1388, sous la forme
Douches (4). Nous verrons, dans un des chapitres suivants,
que l'Ouche a donné son nom à un *pagus* mentionné souvent
dans les documents des IXe et Xe siècles, et appelé *pagus
Oscarensis* ou *Uscarensis* (5).

L'Ouche reçoit sous les murs de Dijon un affluent, le Suzon,
qualifié de *fluviolus*, par Grégoire de Tours, qui ne donne
toutefois pas le nom de ce ruisseau. « Au nord de la
ville de Dijon, dit-il, coule une autre petite rivière, qui,
entrant par une porte de la ville et passant sous un pont,
ressort sous une autre porte, entourant les remparts de son
eau rapide. Elle fait devant la porte tourner plusieurs moulins avec une étonnante rapidité (6). » Cette description
correspond parfaitement au Suzon, qui est plutôt un torrent

(1) Grégoire de Tours, lib. III, cap. xix : « A meridie habet Osca-
rum fluvium piscibus valde prædivitem. »

(2) Pérard, *Chartes bourguignonnes*, p. 142 : « Teutbaldus episcopus commutat terras cum Aliberto, ann. 841, « in pago Divio-
nénse, vel in acto Oscarinse et infra Plumberense.... pro alio
fronte Oscara fluvius decurrit. » — Idem, p. 21 : « Permutantur
terræ inter Geraldum et Usuandum, ann. 841, « de uno fronte Oscia
decurrit. »

(3) Idem, p. 54. Restitution d'un moulin à l'abbaye de Saint-
Etienne de Dijon par Argimmus, évêque de Langres, ann. 907 :
« Situm cujusdam molendini et ripaticum ejus supra Oscaram
fluvium positi. »

(4) Perard, p. 379. Jugement rendu entre les religieux de Saint-
Bénigne de Dijon et les maire et échevins de la ville, au sujet des
pêcheries de la rivière Douches, dès le lieu de Plombières jusqu'à
Longwy (ann. 1388).

(5) Valentin Smith, *Monographie de la Saône*. Pérard, passim.

(6) Grégoire de Tours, lib. III, cap. xix.

qu'une rivière. Un document de l'année 836 l'appelle pourtant *Sisunus fluvius* (1); mais un autre de 1066 se sert de l'expression *torrente Susione* (2). La confirmation des priviléges et possessions de l'abbaye de Saint-Bénigne de Dijon, par le roi de France Louis VII, en 1146, qualifie aussi le Suzon de *torrent* (3).

La Dheune prend sa source dans l'étang de Longpendu et se jette dans la Saône au-dessus de Verdun, après avoir servi de limite aux départements de la Côte-d'Or et de Saône-et-Loire. Le nom de cette rivière apparaît dès 877 sous la forme de *fluvius Duina* (4), et des titres rapportés par Pérard ou transcrits dans le cartulaire d'Autun l'appellent *aqua Dœnœ* (1030), *Duina* (1133), *Dehunna* (1102), *Duenna* (1250), *Duenne*, *Deusne* (1272), *Dunna* (1274), *aqua Denne* (1276). Au XIVe siècle on trouve *Dune*, *Dunna*, *Dehunne*, et au XVe, *Dehusne*, *Dehunne*, *Dhune* (5).

Département de Saône-et-Loire.

RIVE DROITE. — La Grosne prend sa source dans les montagnes de Beaujeu (Rhône), traverse les arrondissements de Mâcon et de Chalon, et se jette dans la Saône dans la commune de Marnay. Voici les principales dénominations qui ont servi à la désigner au moyen âge : *Grauna* (893,

---

(1) Pérard, p. 18 : « Permutantur terræ Sancti Benigni cum Leotaldo, anno 836, « de alio vero fronte Sisunus fluvius decurrit. »

(2) Idem, p. 191 : Emendatio Rotherti Ducis de infractione claustri et atriorum Sancti Benigni quam recepit Raynardus, cognomento Hugo, Lingonensis episcopus (anno 1066), « bannumque et distractum a torrente Susione qui utrumque burgum dividit. »

(3) Pérard, p. 232 : Ludovicus septimus Francorum rex et Aquitanorum dux confirmat abbati et monachis Sancti Benigni divionensis omnes libertates et possessiones (anno 1146); « prorsus a torrente qui castri sanctique causam dividit. »

(4) Cartulaire de Saint-Andoche. (Canat de Chizy, *Topographie des cours d'eau du département de Saône-et-Loire*.)

(5) Idem.

Dom Plancher) ; — *Gronna* (923, cartulaire de Cluny) ; — *Graona* (935 à 954, idem) ; — *Graonna* (984, idem) ; — *Grauna* (988, idem) ; — *Graounna* (938 à 1027, idem) ; — *Crahonna* (1022, idem) ; — *Craonnia fluviolus* (1019 à 1027, idem) ; — *fluvius Granné* (XI° siècle, idem) ; — *Grahonna* (1024, idem) ; — *ripa Grahanne* (XI° siècle, cartulaire de Saint-Vincent de Mâcon) ; — *aqua Granne* (1129 à 1155, archives de La Ferté) ; — *Gradona* (1227, Juenin, *Hist. de Tournus*) ; — *aqua Gradoniæ* (1236, bib. Clun.) ; — *Gronna* (1255, Perry) ; — *Grone* (1265, archives de La Ferté) ; — *Groonne* (1288, idem) ; — *Firmitas super Grohonnam* (1296, idem) ; — *Grosne* (1482, archives de Bellecroix) ; — *Grosné* (1498, archives de La Ferté) (1).

RIVE GAUCHE. — Le Doubs prend sa source au pied du mont Rizou. Il traverse le lac de Saint-Point, le département du Doubs, les parties septentrionales de celui du Jura, et entre par la commune de Fretterans dans celui de Saône-et-Loire. Cette rivière arrose Pontarlier, Montbenoit, Morteau, coule ensuite entre des rochers d'où elle se précipite avec fracas dans un abîme profond de vingt-six mètres ; c'est ce que l'on nomme le Saut du Doubs. Après cette chute, elle continue son cours dans des gorges étroites jusqu'à Saint-Hippolyte. Là, le vallon s'élargit, et de ce point le Doubs coule avec une extrême lenteur par Besançon et Dôle jusqu'à Verdun, où il se jette dans la Saône.

Parmi les auteurs de l'antiquité, c'est César qui mentionne le premier cette rivière, lorsqu'il décrit Besançon, qu'il appelle « *Vesontio, maximum oppidum Sequanorum.* » Il la nomme *Alduasdubis,* c'est du moins la leçon généralement adoptée, car des manuscrits donnent les variantes *Alduadubis, Alduabis, Alduasdusius, Alduasdalis* (2). Dans Strabon

(1) Canal de Chizy (loc. cit.)

(2) Dom Bouquet, tome I, p. 215. Ex Commentariis J. Cæsaris, de Bello gallico, lib. I, cap. xxxviii : «... propterea quod flumen

et Ptolémée, on ne trouve plus que la dernière partie de ce mot rendu en latin par *Dubis*, que l'on rencontre dans les écrivains du IV° siècle, Julien et la *Table de Peutinger* (1).

L'Anonyme de Ravennes l'appelle *Duba* (2) et Frédégaire *Dova* (3). Ces deux mots expliquent parfaitement la transition du nom latin à l'appellation française. *Duba* se rapproche encore du latin et en dérive régulièrement; *Dova*, au contraire, est presque déjà la dénomination moderne, qui a commencé par être écrite *Dou*. Jonas, auteur d'une *Vie de S.-Colomban*, composée probablement au VII° siècle, emploie aussi la forme *Dova* (4). Vers la même époque, l'auteur de la *Vie de Ste Salaberge* désigne le Doubs sous le nom de *Duvius amnis* (5). Un diplôme de Louis-le-Débonnaire, confirmant les priviléges et les possessions du monastère de l'île Barbe, près de Lyon, se sert du terme officiel des nomencla-

Alduasdubis, ut circino circumductum, pene oppidum cingit, reliquum spatium, quod non amplius pedum DC quà flumen intermittit. » — Adrien de Valois. *Notitia Galliarum*, verb. Dubis fluvius.

(1) Dom Bouquet, tome I, p. 371. Ex Juliani imperatoris epistolâ xxxviii ad Maximum philosophum, ann. Chr. 360 : « Propterea quod cingitur fluvio Dubi. » — *Table de Peutinger*, citée par M. Canat de Chizy, *Topographie des cours d'eau du département de Saône-et-Loire*.

(2) Dom Bouquet, tome I, p. 120. Ex cosmographiæ Anonymi Ravennatis lib. IV : « Item juxta fluvium Duba Burgundiæ sunt civitates, id est Bisuntius, Mandroda, Portin. Per quam Burgundiam transeunt plurima flumina; inter cetera fluvius qui dicitur Rhodanus Lausonensis, in quo Rhodano ingrediuntur flumina, id est Duba, Sagona, Izera, Arab.

(3) Frédégaire, lib. Ultimus, cap. xxxvi.

(4) Jonas, in libr. de Vita Columbani abbatis. (Cet auteur et le précédent mentionnent le Doubs en décrivant Besançon, lieu d'exil de S. Colomban.)

(5) Dom Bouquet, tome III, p. 606. Ex Vitâ S. Salabergæ abbatissæ Laudunensis : « His ita transactis, Eustasius ad Luxovium regressus est. Deinde ad Warascos qui partem Sequanorum Provinciæ et Duvii amnis fluenta ex utrâque ripæ incolunt pergit. »

tures romaines *Dubis* (1). Mais en 875 et en 878, des diplômes de Charles-le-Chauve et de Louis-le-Bègue emploient le nom vulgaire et presque moderne de *Dou* (2), qui se trouve répété dans des actes de Charles-le-Simple en 915 et de Louis d'Outremer en 941, confirmant les priviléges accordés au monastère de Saint-Philibert de Tournus par Louis-le-Bègue (3). Il fut d'un usage constant au moyen âge, comme on peut le voir par de nombreuses chartes, entre autres celles publiées par Juénin aux dates de 1059 et de 1146 (4). Mais on rencontre à côté de ce mot la corruption du terme officiel latin sous la forme de *Dubius* (5) au lieu de *Dubis* et même *Dubia* (6). Au XII° siècle, les archives de La Ferté se servent de l'expression moitié française, moitié latine de *fluvius de Du* (7), remplacée, cent ans plus tard, par *Dous* et *Doulx*, que des documents latins traduisent par *Dulcis*, comme si le nom du fleuve eût dérivé de la *douceur* de son cours (8).

Quant au cours de cette rivière, Ptolémée est le seul parmi les géographes de l'antiquité ayant donné quelques détails à cet égard. D'après lui, comme la Saône, elle prendrait sa source dans les Alpes, d'où elle descendrait dans les plaines

(1) Dom Bouquet, tome VI, p. 483. Ex diplomato pro monasterio Insulæ Barbaræ Ludovici pii imperatoris.

(2) Idem, tome VIII, p. 648. Diplôme de Charles-le-Chauve pour le monastère d'Hermoutier; — idem, tome IX, p. 413. Diplôme de Louis-le-Bègue pour le monastère de Saint-Philibert de Tournus.

(3) Idem, t. IX, pp. 523 et 593.

(4) Juenin, *Histoire de Tournus* (cité par M. Canat de Chizy).

(5) Pérard, *Charles bourguignonnes*, p. 126. Vita domini Garnerii præpositi Sancti Stephani divionensis « ultra Dollam supra Dubium fluvium..... dedit unum mansum ad Criceiium » (vers 980).

(6) Dom Bouquet, tome III, p. 469. « Ex chronico Sancti Benigni divionensis « ecclesia in burgo quem vocant Pontem Artiæ, super Dubiam fluvium situm. »

(7) Canat de Chizy, *Topographie des cours d'eau du département de Saône-et-Loire*.

(8) Idem.

séquanaises (1). Strabon se contente de mentionner que c'est entre le Doubs et le Rhône qu'habitaient les Ségusiens, et entre le Doubs et la Saône qu'étaient établis les Eduens (2).

L'Anonyme de Ravennes, comme on a pu le voir par la note rapportée ci-dessus, dit que le Doubs coule proche des cités de la Bourgogne qu'il énumère : Besançon, Mandeure (*Mandroda*) et Portin (l'ancien *Portus Abbucinus* dont nous essaierons, dans un chapitre suivant, de déterminer l'emplacement), puis se jette dans le Rhône ainsi que la Saône, l'Isère et l'Ardèche (*Arab*) (3). Il y a là plusieurs erreurs matérielles qui montrent quelle obscurité régnait chez les géographes anciens dans la topographie des cours d'eau secondaires, puisque la Saône et le Doubs prenaient, d'après eux, leurs sources dans les Alpes, et que le Doubs se jetait directement dans le Rhône. Cette dernière erreur est toutefois particulière à l'Anonyme de Ravennes, car Ptolémée indique très-explicitement que c'est après leur réunion que la Saône et le Doubs se jettent dans le Rhône.

Bullet, après avoir rapporté les anciens noms du Doubs, dit que tous signifient, en celtique, un cours d'eau *doux, paisible, tranquille*. « César, dit-il, a préposé *Aldu* qui est un nom appellatif de rivière, au nom propre de celle-ci, et au lieu de dire simplement le Doubs, il a dit la rivière du Doubs (*Dw*, rivière, *Aldw*, la rivière). L'*u* et le *b* se substituant réciproquement, on a dit *Dov*, *Duv*, comme *Dob*, *Dub*, de là *Dova*, *Duvius*. On peut encore, ajoute-t-il, donner une étymologie très-naturelle du Doubs. Cette rivière est fort tortueuse, elle fait un grand nombre de sinuosités, et dans tout son cours elle forme un syphon, d'où *Dw*, rivière, *Bies* et par crase *Bis*, tortueuse » (4). Nous ne prétendons

(1) Dom Bouquet, tome I, p. 80. (Note déjà citée.)

(2) Idem, tome I, p. 23. « Ex Strabonis libro IV. » (Note citée dans le chapitre précédent.)

(3) Voir le passage de l'Anonyme de Ravennes cité plus haut.

(4) Bullet, *Dictionnaire celtique*, tome I, p. 140.

ni soutenir, ni rejeter ces étymologies, qui présentent une signification plausible. Dans presque toutes les langues indo-germaniques, le radical *dub* signifie hésitation, et il est parfaitement admissible que le Doubs ait pu tirer son nom de la nature de son cours inférieur qui est lent, hésitant en quelque sorte. Son nom, quoique bien différent dans la forme, aurait donc ainsi la même origine et la même signification que ceux d'Arar et de Saône, et s'appliquerait au régime des eaux.

M. Valentin Smith explique l'appellation *Alduasdubis* que l'on trouve dans César par la réunion au Doubs d'un affluent supérieur, l'*Allaine*, dont le nom serait ainsi entré dans la composition de l'expression employée par l'auteur des Commentaires (1).

Parmi les affluents du Doubs, il en est deux qui sont assez considérables pour mériter une mention spéciale. La Loue, qui prend sa source près d'Ornans dans le département du Doubs, et se jette dans cette rivière au-dessus de Dôle, est citée dans la translation des reliques du bienheureux Gorgone, écrite en 846, sous le nom de *Loa* (2), et dans la chronique de Saint-Bénigne de Dijon, vers 1052, sous le nom de *Lupa* (3). Elle reçoit elle-même la Cloge, qui traverse la forêt

(1) Valentin Smith, *Mémoires de la Sorbonne*, année 1864.
(2) Adrien de Valois, *Notitia Galliarum*, verb. de Lupis fluviis : « Monachus Majoris monasterii, qui corporis B. Gorgonii mart. anno DCCCXLVI ex urbe Roma in Majus monasterium translationem descripsit, eique ipse cum abbate suo R. naldo multisque aliis interfuit, Loam hoc flumen appellat, quum per locum Sancti Mauricii (id est Agaunum) et lacum, videlicet Lemannum, per Urbam flumen et castrum (Orbe), per Salinas villam (Salins), per Loam flumen et Segonam fluvium, hoc est Sauconnam vel Ararim; perque civitatem Aurelianensem et per pratum ac monasterium Sancti Maximi (Saint-Mesmin) ad monasterium Sancti Martini quod vocatur Majus dilatos esse cineres Gorgonii tradit. »
(3) Idem. Chronicon divionensis monasterii Sancti Benigni quod in anno MLII desinit : « Super Lupam, rapacissimum fluvium, loco dicto Petregio, per quod Romam petentium quondam fuit iter. »

de Chaux, et est appelée *Clogi* dans les titres de 1099 et de 1138, et *Clogia* dans un acte de 1136 (1).

La Sablonne prend sa source dans le département du Jura et se jette dans le Doubs près de Pourlans. Des chartes des archives de La Ferté en font plusieurs fois mention et l'appellent *Sablona* (1123, 1153), *Aqua de Salvulona*, XIIe siècle (2).

La Seille prend sa source dans le vallon de Baume (Jura), et se jette dans la Saône au village de La Truchère, arrondissement de Mâcon, département de Saône-et-Loire. Cette rivière a été appelée successivement : *Fluvium nomine Salliæ* (878, Juenin); *Sagli flumem* (889, cart. de Savigny); *Soalla* (898, cart. de Cluny); *fluvius Silla* (945, idem); « *quamdam Cellam, nomine Balmam, ubi fluvius Salliæ surgit* » (903, dom Bouquet, tome IX, p. 692, diplôme de Rodolphe Ier, roi de Bourgogne transjurane, portant donation de certaines possessions à l'abbaye de Gigny); *Saliensem fluvium*... — *Salia* (918, 1031, Cluny); *Salicia* (1070, Petry); « *in bocario fluminis quod vocatur Sallia* (1096, Cluny); *Saille* (1312); *Soille* (1374). Une branche de son embouchure était nommée, en 1254, *mortua Saylla* (Juenin) (3). Les cours d'eau portant le nom de Seille sont assez nombreux en France; qu'il nous suffise de citer celui qui arrose une partie de la Lorraine et se jette dans la Meurthe. Chevalier prétend que la rivière qui nous occupe a

(1) Pérard, p. 198. Raynaldus Burgundiæ comes concedit abbati Tarentani quamdam terram ante portas munitionis quæ Logia novella dicitur in comitatu (circa 1039). « Terram cum silvâ quæ terra vadit inter rivulos duos, usque ad fluvium qui dicitur Clogi. » — Idem, p. 230. Raynaldus comes dat jus monachis divionensibus piscandi in aquis Lupæ et Clogiæ apud Logiam novellam (1136). — Idem, idem. Confirmation de cette donation par Oddo, « Campaniensis comes (1138). »

(2) Canat de Chizy, *Topographie des cours d'eau du département de Saône-et-Loire.*

(3) Idem.

été appelée ainsi à cause de la proximité de sa source du monastère de Baume, *cella Balmensis*. Mais c'est une conjecture sur laquelle il n'est pas permis de s'arrêter un instant. En 878, en effet, c'est-à-dire fort peu de temps après la fondation de Baume, en admettant même que ce monastère ait dû son établissement aux premiers disciples de S. Colomban, c'est-à-dire dans les commencements du VII⁰ siècle, cette rivière était dénommée *Sallia* et non *Cella*, et il serait difficile d'admettre une corruption aussi rapide du nom primitif.

La Seille a pour principaux affluents : 1⁰ la Braine, qui prend sa source près de Poligny. Elle est nommée *rivière de Brayne* (1270, Pérard); *Branne* (1498); *Broyne* (1255). Le nom de Braine, comme celui de Seille, est très-répandu en France. Ainsi, on trouve dans le département de Saône-et-Loire, le Brenon, *Brainadæ aqua ;* puis la Brenne, *Brenna,* affluent de l'Armançon ; enfin la Braine, *Braana,* affluent de la Seine ; 2⁰ la Vallière, qui sort de la gorge de Revigny, département du Jura. En 1305, les archives de l'abbaye du Miroir l'appellent *aqua de Valier* (1).

Département du Rhône.

Un seul affluent de la Saône dans ce département mérite d'être cité, c'est l'Azergue, qui se jette dans la Saône au-dessous d'Anse. D'après la description qu'en fait Papirius Masson, c'était au XVII⁰ siècle un torrent très-redouté des voyageurs, et méritant très-bien la citation des vers suivants :

> « . . . . per saxa citati
> Torrentesque ruunt (2). »

Il nous reste à dire quelques mots au sujet de la valeur des termes latins employés au moyen âge pour désigner les

(1) Canat de Chizy (ouvrage cité).
(2) Papirius Massonius. Descriptio Fluminum Galliæ, p. 391.

cours d'eau, et en particulier la Saône et ses affluents. Dans les auteurs classiques, les principaux termes appliqués aux cours d'eau sont ceux de *fluvius*, *flumen*, *fluentum*, *amnis*, *torrens*, *rivus* et *rivulus*. On remarque que *fluvius* et *flumen* s'emploient assez souvent indifféremment l'un pour l'autre ; ils signifient tous les deux une eau courante. Il en est de même de *fluentum*, dont l'usage était réservé presque exclusivement à la poésie. Quant à *amnis*, il est appliqué généralement à un cours d'eau considérable. Les Anciens ne semblent pas avoir fait la distinction établie par la géographie moderne, entre un cours d'eau qui se jette dans la mer, que nous appelons fleuve, et un cours d'eau qui se jette dans un fleuve, que nous appelons rivière. Chez eux, les mots *fluvius*, *flumen* et *amnis* désignent indifféremment un fleuve ou ses affluents. *Torrens* s'appliquait en général à une rivière formée par les pluies et tarissant en été. *Rivus* est un simple ruisseau, et *rivulus*, son diminutif, un filet d'eau, le dernier degré des courants d'eau.

Au moyen âge, la même confusion règne dans l'usage de ces mots, auxquels viennent s'en ajouter d'autres dont l'emploi n'est guère mieux déterminé. Ainsi on trouve *aqua*, *gutta*, *guttula*, *riparia*, *bracchium fluviale*. **Aqua**, selon Ducange, désigne aussi bien un cours d'eau important (*aqua Severnæ*, la Severne, *aqua Thamisiæ*, la Tamise, *aqua de Summe*, la Somme, par exemple) qu'un simple ruisseau. Il en est de même de *fluvius* et de *flumen*, qui s'appliquent quelquefois à un mince filet d'eau. Mais, comme le fait remarquer avec raison M. Canat de Chizy, jamais des fleuves ou des rivières importantes ne sont désignés par les mots *gutta*, *guttula*, *fluviolus*. **Gutta**, d'après Ducange, a la signification de ruisseau et souvent, surtout dans les Dombes, de canal d'irrigation. Quant à *riparia* ou *rivaria*, c'est une qualification générique, c'est la rivière proprement dite.

Telle est, ce nous semble, la signification de ces différents mots cités si souvent dans les textes que nous avons rapportés.

III.

APERÇU HISTORIQUE SUR LA NAVIGATION COMMERCIALE DE LA SAÔNE
DANS L'ANTIQUITÉ ET AU MOYEN AGE.

Cette partie de notre travail est celle qui, jusqu'à présent, a été le principal objet des recherches des érudits qui se sont occupés de la Saône. C'est d'abord l'abbé Courtépée qui, dans ses *Essais historiques* (1), effleura ce sujet. Vinrent ensuite MM. Coste, bibliothécaire à Besançon (2), Baudot (3) et Valentin Smith (4), qui le traitèrent d'une manière plus approfondie. Le chapitre que ce dernier a consacré à l'historique de la navigation de la Saône se distingue par la science vaste, sûre et méthodique que l'auteur y a déployée. Il nous serait donc impossible de choisir un meilleur guide en cette matière. Mais nous espérons pouvoir compléter son travail en citant intégralement les passages des auteurs soit de l'antiquité, soit du moyen âge, qu'il n'a fait qu'indiquer, et en produisant quelques documents inédits sur le commerce de la Saône supérieure qui avaient échappé à ses investigations.

(1) *Essais historiques et géographiques : la Saône*, par l'abbé Courtépée. Manuscrit qui n'embrasse la Saône que depuis sa source jusqu'à Chemilly.

(2) *Dissertation sur l'ancienne navigation des rivières du Doubs, de la Saône et du Rhône*, par M. Coste, bibliothécaire à Besançon. Besançon, 1805.

(3) *De la Saône et de sa navigation*, par M. Baudot aîné, maire de Lagny-le-Château. Dijon, 1813.

(4) *Monographie de la Saône*, par M. Valentin Smith. Lyon, 1852.

On connaît le fameux passage de Strabon, où il fait ressortir l'heureuse disposition du cours des fleuves et des rivières de la Gaule pour concourir à la prospérité de cette contrée. C'est dans ce morceau remarquable que le grand géographe parle de la navigation du Rhône et de la Saône. « Toute la Gaule, dit-il, est arrosée par des fleuves qui sortent des Alpes, des Pyrénées et des Cévennes, et qui vont se jeter, les uns dans l'Océan, les autres dans la Méditerranée. Les lieux qu'ils traversent sont, pour la plupart, des plaines et des collines qui donnent naissance à des rivières assez fortes pour porter bateau. Les lits de tous ces fleuves sont, les uns à l'égard des autres, si heureusement disposés par la nature, qu'on peut aisément transporter les marchandises de l'Océan à la Méditerranée, et réciproquement. On peut remonter le Rhône bien haut avec de grosses cargaisons qu'on transporte en divers endroits du pays par l'intermédiaire des autres rivières navigables qu'il reçoit, et qui peuvent également porter des bateaux lourdement chargés. Ces bateaux passent du Rhône dans la Saône et ensuite dans le Doubs, qui se décharge dans cette dernière rivière. De l'autre côté de la Saône habitent les *Sequani*, peuple devenu depuis longtemps l'ennemi des *Ædui* et des Romains, pour s'être souvent joints aux Germains dans les excursions que ceux-ci faisaient en Italie. ... Quant aux *Ædui*, leurs liaisons avec les Romains les rendaient naturellement ennemis des *Sequani*; mais cette inimitié s'est accrue par suite des contestations des deux peuples au sujet de la Saône qui les sépare, chacun d'eux prétendant à la propriété exclusive de la rivière ainsi qu'à la perception des droits de péage (1). »

(1) Dom Bouquet, tome I, p. 23. Ex Strabonis lib. IV. (Traduction latine de dom Bouquet) : « ..... Trans Ararim habitant antiquitùs Romanorum et Heduorum inimici et Germanorum in Italiam incursionibus socios et præbentes plerumque : qua in re ostenderunt se plurimum potentiæ habere cum eos suâ conjunctione

L'établissement de péage à une époque si reculée (antérieure à la conquête romaine) indique que depuis une haute antiquité la Saône était une voie commerciale importante, peut-être même l'unique intermédiaire reliant, grâce au Rhône, le nord avec le midi de la Gaule. Quelles devaient être alors les marchandises faisant l'objet du commerce et de la navigation de cette rivière? César parle de transports de grains qui s'effectuaient sur la Saône (1). Strabon mentionne aussi les excellentes salaisons des Séquanes qui étaient exportées jusqu'à Rome (2). A ces denrées il est permis d'ajouter les bois de construction provenant des forêts des Vosges et les laines que produisait en abondance le pays les Lingons.

Sous César et sous Auguste, cette navigation prit un plus grand développement, et Antoine, dans son panégyrique de César, put s'écrier : « Non-seulement la navigation est florissante sur le Rhône et la Saône, mais aussi sur la Meuse, la Loire, le Rhin, et même sur l'Océan (3). »

Afin de faciliter les relations commerciales entre le Nord et le Midi de la Gaule, Lucius Vetus, qui commandait sous le règne de Néron et au nom de ce prince dans une partie des Gaules, conçut, au rapport de Tacite, le projet de joindre la Moselle à la Saône par un canal. « J'ai assisté, dit l'historien, aux efforts de Lucius Vetus, qui avait formé le projet de

---

magnos discessu impotentes redderent. Heduis cum hæc causa eos inimicos fecit, tum de Arari contentio, qui ipsos distinguit, utrâque gente eum et vectigalia sibi vindicante..... »

(1) César, *De Bello gallico*, lib. I. « ..... frumento quod flumine Arare navibus subvexerat. »

(2) Strab., lib. IV. « Sequani versus orientem Rhono, diversa parte Arari sunt affines : ex his optima suilla salsamenta Romam perferuntur. »

(3) Dom Bouquet, tome I, p. 517. Ex Dion. Cassii lib. XLIV. In oratione Antonii (traduction latine de dom Bouquet) : « Navigatur non Rhodanus tantum, Ararisque, sed et Mosa et Ligeris et ipse Rhenus, ipseque adeo Oceanus. »

joindre la Moselle à la Saône. Il se proposait d'unir ces deux rivières par un canal, afin que les troupes embarquées sur la Méditerranée, transportées ensuite sur le Rhône et la Saône, puis au moyen de ce canal sur la Moselle, et de là sur le Rhin, pussent arriver promptement ainsi sur les bords de l'Océan ; on eût évité, par ce moyen, les difficultés que présentent les longues marches, et par la navigation mis en communication rapide les côtes du Nord avec celles de l'Occident (1). Tacite ajoute qu'Ælius Gracilis, lieutenant de la Belgique, fit avorter ce projet en alarmant Vetus sur le danger de porter des légions dans une province qui n'était pas la sienne, et de briguer l'affection des Gaules ; l'empereur ne manquerait pas d'en prendre de l'ombrage.

Ce passage montre toute l'importance que les Romains attachaient à la navigation de la Saône au point de vue militaire. Si on le rapproche du panégyrique de Constantin, prononcé par le rhéteur Eumène, on voit clairement que, pendant toute la durée de l'Empire, cette rivière fut la grande voie pour le transport des troupes du Midi au Nord, et réciproquement. Il rappelle, en effet, que pour marcher contre Maximien, Constantin fit avancer ses légions à marches forcées du Rhin à la Saône. Après leur avoir laissé prendre quelque repos sur les bords de cette rivière, il les embarqua à Chalon sur des bateaux qu'il avait eu la précaution d'y faire réunir. « Jamais, ajoute le rhéteur, ce cours d'eau n'avait paru à ses soldats plus paisible et plus lent. Sur leurs bateaux, qui glissaient en silence et quittaient lentement les rives, ils s'écriaient qu'ils demeuraient en place et n'avançaient pas.

(1) Tacite Annalium ex libro XIII. « Vidi conatum Lucii Veteris Mosellam et Ararim jungere cupientis. Vetus Mosellam atque Ararim, facta inter utrumque fossa, connectere parabat, ut copiæ per mare deinde Rhodano et Arari subvectæ per eam fossam mox fluvio Mosella in Rhenum, exin Oceanum decurrerent, sublatisque itinerum difficultatibus, navigabilia inter se Occidentis Septentrionisque littora fierent. »

Alors, s'appuyant des pieds et des mains sur les rames, ils triomphaient de la nature indolente du fleuve, et après être ainsi sortis des lenteurs de la Saône, c'est à peine s'ils furent contents lorsque le Rhône les emporta (1). » D'après Eumène, c'est donc à Chalon que Constantin fit embarquer ses troupes, et la *Notice des Dignités de l'Empire* nous apprend que dans cette ville résidait un fonctionnaire désigné sous le nom de Préfet de la flotte de la Saône (2). Il avait le commandement des bateaux destinés au transport des légions, veillait à leur embarquement, et était sans doute chargé aussi de la protection de la navigation commerciale et de la perception des péages.

Cette navigation commerciale avait pris un grand développement aux III⁰ et IV⁰ siècles de notre ère. De nombreux documents l'attestent. Ce sont principalement les inscriptions élevées par la corporation des nautoniers de la Saône et par les négociants en vin, leurs patrons. Parmi ces patrons des nautoniers dont les noms nous ont été

(1) Dom Bouquet, tome I, page 715. Ex panegyrico Eumenii in Constantinum, cap. xviii. « Statim igitur ut fœdum illud (scilicet Maximiani perfidiam Constantino genero suo insidias molientis) facinus audiebant, ultro a te proficiscundi signum petiverunt, quum viatica dares, id ipsum sibi moram facere, plusque jam se, quam sufficeret, ex largitionibus tuis habere dixerunt : inde adreptis armis portas petierunt, tot dierum iter a Rheno usque ad Ararim sine ulla requie peregerunt : inde fessis corporibus, animis flagrantibus, crescente in dies ardore vindictæ quanto proprius accederent. Tum quidem tua, Imperator, cura qua refovendis eorum viribus a Cabillonensi portu navigia provideras festinantibus pene non placuit. Segnis ille et cunctabundus amnis nunquam fuisse tardior videbatur. Carinis tacitè labentibus, et ripis lentè recedentibus, stare se, non ire clamabant. Tum vero usum pedum manibus adgressi incubuere remigiis et naturam fluminis urgendo vicerunt, et tandem eluctati Araris moras vix ipso Rhodano fuere contenti. »

(2) Dom Bouquet, tome I, p. 128. Ex Notitia dignitatum omnium tam civilium quam militarum per Gallias (hæc notitia facta putatur imperante Valentiniano III.) « Præfectus classis Araricæ Cabilloduno. »

transmis, il faut citer : Lucius Tauricius Florentinus, receveur des impôts, auquel l'assemblée des trois Gaules éleva un monument (1) ; — Quintus Julius Severinus, Séquanais qui avait occupé les plus hautes charges dans son pays, et à qui l'ordre de sa cité vota deux statues (2) ; — Lucius Helvius, intendant des vivres, deux fois duumvir des nautoniers de Vienne, patron des mariniers du Rhône et de la Saône (3).

(1) Dom Bouquet, tome I, p. 132. Ex inscriptionibus a Gruntero collectis :

L. TAVRICIO
FLORENTI TAVRICI
TAVRICIANI FILIO
VENETO
ALLECTORI GALL.
PATRONO NAVTARVM
ARARICORVM ET
LIGERICORVM. ITEM
ARECARRORVM ET
PONDERATIVM ET
II PROVINCIÆ GALLIÆ.

(2) Dom Bouquet, tome I, p. 132. Ex inscriptionibus a Gruntero collectis :

Q. IVLIO SEVERINO   ARARIC. CVI. OB INNOC.
SEQVANO OMNIBVS   MORVM ORDO CIVI
HONORIBVS INTER   TATIS SVÆ BIS STATVAS
SVOS FVNCTO   DECREVIT INQVISITORI
PATRONO SPLENDI   GALLIARVM TRES
DISSIMI CORPORIS   PROVINCIÆ GALL.
N. RHODANICORVM ET

(3) Dom Bouquet, tome I, p. 132. Ex inscriptionibus a Gruntero collectis :

L. HELVIO. L. FILIO
VOLTIN. FRVGI
CVRATORI. NAVT
ARVM. BIS.
IIVIR. VENNEN
SIVM PATRONO RHO
DANICORUM N. RH
OD. ET. ARARI.
...... HOD.

Bien que cette rivière n'eût jamais été divinisée, on n'ignore pas qu'à son confluent avec le Rhône s'élevait un fameux autel dédié à Jupiter et au génie Augustal. Les flamines et les duumvirs qui y sacrifiaient appartenaient à la corporation des négociants en vin et probablement aussi des nautoniers (1).

Quelques documents viennent attester aussi que l'invasion des barbares ne fit pas cesser complétement la navigation et le commerce de la Saône. Ainsi, au milieu du V° siècle, quand les Burgundes, les Wisigoths, les Francs et les Huns se ruaient sur la Gaule, un des principaux écrivains de cette époque, Sidoine Apollinaire, rapporte dans une de ses lettres que les bateliers de la Saône tiraient leurs barques avec des cordes, et que les nautoniers avaient coutume de s'encourager à ce travail par des chants (2). La manière dont il parle de ces mariniers semble indiquer qu'ils formaient toujours une corporation ; il est probable qu'ils conservèrent ainsi, pendant la plus grande partie du moyen âge, cette organisation particulière à laquelle Alexandre Sévère avait

(1) Adrien de Valois. *Notitia Gall.*, verb. Lugdunum Segusianorum in Celticâ. « Fuere olim Lugduni Seviri Augustales : fuere et negotiatores vinarii; ut priscæ inscriptiones testantur quarum in una P. Pomponius Gemellinus IIIIIVIR AVG. LVGVD vocatur; altera Romæ posita est : C. SEN. REGVLIANO EQVITI ROM. NEGOTIATORI VINARIO LVGDVNI ET CANABIS CONSISTENTI CVRATORI ET PATRONO EIVSDEM CORPORIS, NAVTÆ ARARICO. PATRONO EIVSDEM CORPORIS, PATRONO IIIIIIVIRVM LVGDVNI COSISTENTIUM. Ubi Canabis scriptum est forte pro Genava seu Geneva. »

(2) Sid. Apoll., *Epistolæ*, lib. X, lett. 11. Description de l'église des Machabées à Lyon :

> « Hinc agger sonat, hinc Arar resultat,
> Hinc sese pedes atque eques reflectit,
> Stridentium moderator essedorum,
> Curvorum hinc chorus helciariorum
> Responsantibus alleluia ripis
> Ad Christum levat amnicum celeumna. »

assujetti tous ceux qui exerçaient un art ou un métier, organisation dont le Code théodosien nous a tracé un minutieux
tableau. Il est d'ailleurs certain que des corporations ouvrières
semblables à celle des nautoniers, celles, par exemple, des
artisans travaillant dans les ateliers monétaires (*monetarii*)
ou dans les mines (*metallarii*), ont existé jusqu'au XIV° siècle,
régies encore par les statuts que leur avait donnés le droit
romain.

L'existence de cette corporation des nautoniers de la Saône
et du Rhône explique l'insistance avec laquelle les principales abbayes situées sur les rives de ces cours d'eau solli-
citèrent des souverains l'autorisation d'avoir un certain
nombre de bateaux pour le transport des marchandises et
des denrées qui leur étaient nécessaires. C'était non-seulement
l'exemption des droits de péage qu'elles demandaient, mais
aussi et principalement la faculté de pouvoir faire conduire
leurs bateaux par leurs hommes sans être obligées d'employer les nautoniers attitrés. En 815, on voit Louis-le-
Débonnaire accorder à l'abbaye de l'Ile Barbe, près de Lyon,
le droit de faire circuler sur le Rhône, la Saône et le Doubs,
trois bateaux pour y trafiquer (*negotiandi causâ*), en les
exemptant de tout droit de péage (*teloneum*), d'entretien des
rives (*cespitaticum*), de bienvenue (*salutaticum*) ou de pourboire (*cœnaticum*). Il est spécifié aussi que ces bateaux
pourront s'arrêter où ils voudront, et que si, par malheur,
l'un d'eux venait à faire naufrage, il serait interdit de s'em-
parer des débris rejetés sur les rives (1). Dom Bouquet élève

______

(1) Dom Bouquet, tome VI, p. 483. « Ex diplomate pro monasterio Insulæ barbaræ Ludovici pii imperatoris (anno 815). » In
nomine, etc., Ludovicus, etc., notum sit quia Campio Abbas ex
monasterio Sancti Martini quod dicitur insula barbara, situm super
flumen Sagonæ non procul ab urbe Lugduni et omnes ejus Congre-
gatio petierunt Celsitudinem nostram ut licentiam haberent ad
eorum supplendas necessitates, omni tempore tres naves per Sagonam, Rhodanum et Dubim negotiandi causâ dirigere. Quorum

des doutes sur l'authenticité de ce diplôme, qui aurait été donné à Aix-la-Chapelle le 3 des ides de novembre de la troisième année du règne de Louis-le-Débonnaire. Or, à cette date, il paraît que ce prince n'était pas à Aix-la-Chapelle. Cependant, comme ce qui le rend particulièrement intéressant pour nous c'est l'énumération qu'il donne des droits supportés alors, par la navigation de la Saône, sa fausseté ne l'empêche pas d'être toujours fort curieux, car nous trouverons ces droits énumérés dans les concessions postérieures de Charles-le-Chauve, de Louis-le-Bègue, de Charles-le-Simple et de Louis d'Outremer, au monastère de Saint-Philibert de Tournus en 875 (1), 878 (2), 915 (3) et 941 (4).

petitionem libenter suscepimus et pro mercedis nostræ augmento sicut petierunt, per hanc nostram auctoritatem concessimus. Idcirco hoc præceptum nostrum eis fieri jussimus, per quod cunctis jubemus, ut ubicumque numerus prædictus navium in nostra ministeria vel potestates adveniret nullum teloneum, neque quod vulgo dicitur aut cespitaticum, aut salutaticum, aut cœnaticum, aut ullum censum vel ullam redhibitionem ex ipsis assumere præsumatis aut exactare faciatis; sed liceat easdem omnes naves omni tempore per prædicta flumina, sicut superiùs intulimus, liberè et absque ulla contrarietate discurrere et negotia sua peragere et ad quascumque civitates vel portus accessum habuerunt, qui easdem naves providere debent nullam inquietudinem, vel detentionem ab aliquo fidelium nostrorum patiantur, sed per quodcumque de prædictis fluminibus remigraverint quieti et securi, cum ipsis navibus et iis quæ deserunt per præsentem ordinationem nostram ire et redire valeant. Et si aliquas moras in quolibet loco fecerint, aut aliquid mercati fecerint, vel vendiderint, nihil ab eis sicut diximus, requiratur aut exactatur. Si vero quod absit, accidente quolibet casu, aut negligentiâ navigatorum, aut vento impellente, sicut creberrime contingere solet, aliqua ex prædictis navibus mersuit aut fregerit, aut cæsa ad litus pervenerit, nemo eam destruere, aut ea quæ intra sunt vastare, aut aliquid vi arripere præsumat, etc.

(1) Dom Bouquet, tome VIII, p. 648. Diplôme de Charles-le-Chauve pour le monastère de Saint-Philibert de Tournus, 875.

(2) Idem, tome IX, p. 413. Confirmation du précédent diplôme par Louis-le-Bègue, 878.

(3) Idem, p. 523. Idem par Charles-le-Simple, 915.

(4) Idem, p. 593. Idem par Louis d'Outremer, 941.

Dans tous ces diplômes se trouve reproduite l'énumération des principaux droits auxquels donnait lieu alors la navigation des rivières en général et de la Saône en particulier. Ces droits, dont l'origine remontait à l'empire romain, et que le Code théodosien a pour la plupart déterminés et réglementés, étaient dans le principe perçus par les agents et au profit de l'Etat. Il est probable que sous les premiers Mérovingiens, qui se considéraient comme les successeurs ou les lieutenants des empereurs, il en fut de même. Mais quand le système féodal fut définitivement constitué, le domaine public s'amoindrit en même temps que l'autorité royale, et les droits primitivement régaliens devinrent des redevances seigneuriales. Aussi nous voyons que Louis-le-Débonnaire et ses successeurs avaient la prétention dans leurs diplômes d'exempter les monastères de l'île Barbe et de Saint-Philibert de Tournus, non-seulement des impôts que pouvaient lever les employés du fisc sur les bateaux naviguant sur la Saône, mais encore des droits divers que s'arrogeaient les ducs et les comtes devenus presque indépendants.

Ces droits étaient, d'après ces diplômes : 1° le *teloneum*, devenu plus tard la redevance appelée en français « tonlieu. » C'était, d'après Ducange, une sorte de tribut levé sur les marchandises débarquées par les navires; d'abord il ne fut perçu que dans les ports maritimes, puis ensuite dans les ports situés sur les fleuves et les rivières considérables (1); 2° le *cespitaticum;* comme l'indique la racine de ce mot (*cespes,* motte de gazon), c'était un impôt levé pour l'entretien des accotements des routes et aussi probablement des berges des rivières et des chemins de halage (nous avons vu que, d'après Sidoine Apollinaire, les mariniers tiraient sur la Saône leurs bateaux avec des cordes, et étaient appelés pour ce motif *helciarii*); 3° le *salutaticum;* c'était une contri-

_____

(1) Ducange, verb. Teloneum.

bution non spécifiée, qu'on était libre dans le principe de payer ou de refuser aux receveurs des impôts, et que ces derniers avaient à la fin exigée d'une manière régulière et fixe ; on l'appelait ainsi parce qu'elle était considérée comme le prix de la bienvenue ou du salut que donnaient les receveurs ; 4° le *cœnaticum* ; d'après le Code théodosien, loi XII, c'était la redevance en argent que les hôtes devaient aux soldats qu'ils étaient obligés de loger lorsqu'ils ne voulaient pas les nourrir ; plus tard, ce mot s'appliqua à toute rémunération pécuniaire donnée au lieu d'aliments en nature, ce que nous appellerions maintenant pourboire ; c'est, croyons-nous, le sens qu'il a dans les diplômes dont nous nous occupons ; 5° le *navaticum*, droit que devait chaque bateau pour la traversée de la rivière sur les terres du duc ou du comte, et quelquefois pour pouvoir jeter l'ancre dans le port ou sur la rive.

Tels furent les principaux droits perçus sur la Saône jusqu'au IX° siècle. A cette époque, en effet, les Normands, qui avaient pour habitude de remonter le cours des fleuves et des rivières, durent singulièrement entraver le peu de commerce et de navigation qui subsistait encore à cette malheureuse époque. Nous savons que Rollon, un de leurs principaux chefs, rassembla une nombreuse flottille, avec laquelle, au commencement du X° siècle, il pénétra par la Seine et par la Saône jusque dans la Haute-Bourgogne et dans l'Auvergne, dont il dévasta les campagnes et brûla la capitale Clermont (1).

Mais à partir du XI° siècle, quand la féodalité fut complétement organisée, les seigneurs firent revivre à leur profit

______

(1) Dom Bouquet, tome VII, p. 300. Ex fragmento historiæ franciæ : « Quibus patratis, Rollo (Normannorum dux) cujus sæpe meminimus, conscensis navibus tandem per Sequanam et Sagonam Galliæ maxima flumina tendens ad superiora Burgundiæ et Arvernorum fines subintravit et usque ad Claromontem Arvernorum civitatem totam regionem diversis calamitatibus exinanivit. »

tous les droits dont nous avons donné l'énumération, et cet état de choses resta en vigueur pour la navigation de la Saône jusqu'à la conquête française. Ce fut alors que l'Etat racheta la plupart des péages perçus par les seigneurs et les abbayes. Il ne les supprima pas tous, il est vrai, mais substitua un tarif uniforme à la diversité des redevances arbitraires perçues pendant le moyen âge (1).

Les archives de la Haute-Saône (2) conservent une curieuse enquête faite en 1465 au sujet d'une difficulté pendante entre les bateliers de Selles et l'abbaye de Clairefontaine à l'occasion du droit de péage établi au profit de cette dernière sur la Saône, à une écluse située entre Corre et Ormoy. Comme ce procès, qui fut porté devant Pierre Baulay, de Jonvelle, lieutenant de « noble homme et saige Eliot Jaquelin, écuyer, bailli et capitaine de Jonvelle, pour très-redoubtée et souveraine dame madame la duchesse et comtesse de Bourgoingne, dame dudit Jonvelle, » renferme de précieux détails sur les habitants de Selles, qui ont été, paraît-il, et sont encore les principaux bateliers de la Saône, ainsi que sur la navigation de cette rivière, nous croyons opportun d'en signaler les points principaux. Les demandeurs étaient les moines de Clairefontaine, représentés par Guillaume Bésart, leur procureur. Les défendeurs comparaissaient en personne : c'étaient Jehan Huguot et Jehan Prévost, de Selles, qui avaient refusé de payer le péage en passant l'écluse du moulin de la Mirelle.

A l'appui de ses prétentions, l'abbaye disait :

« Qu'il estoit vray que l'église et monastère de Notre-Dame dudit Clairefontaine est et fut anciennement fondée par les seigneurs et dames dudit Jonvelle, dont les auteurs y reposent;

____

(1) Règlement général des péages qui se lèvent le long de la rivière de Saône. Lyon. Barbier, 1672.

(2) Archives de la Haute-Saône, série H. Fonds de Clairefontaine, liasse 383.

« Que icelle église est assise en la seignorie, terre, et ressort dudit Jonvelle ;

« Que iceulx furent seigneurs et dames dudit Jonvelle, comme fondateurs, ont piéça (autrefois) fait et donné à ladite église plusieurs rentes, tant hommes, fours, molins et autres rentes ;

« Et entre les seigneurs dudit Jonvelle, feu bonne mémoire messire Vynot, seigneur dudit Jonvelle, piéça donna en aulmosne à ladite église les molins et batans (foulerie) séans sur la rivière de Sogne, entre la ville de Corre et Dormoy, iceulx molins nommés la Munelle (la Minelle actuellement), et en bailla à ladite église ses lettres en date de l'an mil deux cens et dix (le titre invoqué par les moines existe encore ; il porte *Wido dominus Juncivillœ*, Guy, seigneur de Jonvelle, et non Vynot), et depuis leur en fut baillées autres lettres en date de l'an mil trois cent cinquante-six, et par icelles lettres donna ausdits religieux la pescherie en toutes ses rivières desdits molins ; auquel lieu dit la Munelle estoient lors, comme encore sont, deux molins prouchains l'ung de l'autre, dont l'ung est assis près et audessoubs d'une grande fontaine de laquelle l'ung desdits molins meust, et l'autre est assis sur la rivière de Sogne, et est le dit lieu et plaice assiz au comté de Bourgoigne, en la seigneurie, batifz et ressort dudit Jonvelle, près des marches de France, de Bar et de Lorrène ;

« Que par le moyen des guerres et chers temps que sont estez l'ung desdits molins, assavoir celui qu'est assis sur ladite rivière de Sogne, a esté longtemps inutile et en ruyne, mais ce nonobstant ledit lieu et plaice d'icellui molin, et les escluses d'icelui estant du travers de ladite rivière de Sogne, sont estez assez apparant, tellement que l'on veoit soffisamment que anciennement il ly avoit eu molin, escluse et autres édiffices appartenant à molin ;

« Que naiguère Révérend Père en Dieu frère Guillaume,

présentement abbé dudit Clairefontaine, avoit fait faire et
rediffier ledit molin, ensemble lesdites escluses ;

« Qu'il estoit vray auxi que tous marchans et fréquentant
la rivière de Sogne, menans et conduisans navoys (bateaux)
chargés de molles (meules), mortiers, verres, clyves (planchettes) et autres marchandises et daurées passant par ladite
rivière de Sogne par les destrois, portes et passaiges desdits
molins, mesmement par la porte desdits molins, payent
et ont accoustumé de payer à ung chascun molin, pour une
chascune charge et navoye deux engroingnes (deux deniers
et une fraction, en monnaie de France), mesmement ès tous
les molins scitués sur ladite rivière de Sogne en la seignorie, batifs et ressorts dudit Jonvelle et en plusieurs
autres lieux ;

« Que lesdits marchans fréquentans ladite Sogne l'ont
accoustumé de paier et paient ung chacun jour au molin
séant au finaige de Corre quest assis dessus ledit molin de la
Mugnelle, et pareillement le paient aux molins Dormoy, qui
sont dessoubs ladite Maignelle, et en autres plusieurs
lieux ;

« Que au mois de jung l'an mil CCCC soixante-trois
darrèrement passé, lesdits deffendeurs passèrent par la porte
des escluses dudit molin de la Mugnelle, appartenant ausdits
abbé et couvent, demandeurs, et conduisoient plusieurs
navoys chargiés de molles, mortiers, clyves et d'autres
danrées sans vouloir paier le droit dehu et passaige........
combien qu'ils en fussent requis suffisamment par Perrenot
Voulan, mugnier dudit molin, pour laquelle cause icellui
mugnier avoit fait arrêter les navoys et danrées desdits
deffendeurs par la justice d'Ormoy, auquel exploit lesdits
deffendeurs s'opposoient, et leurs fut journée assignée ;

« Que nonobstoit ce, lesdits opposants disoient qu'ils ne
devoient point paier de passaige audit molin pour ce qu'il
est nouvellement édiffié ; car, salve leur réverence, iceulx

opposans estoient tenuz de païer ledit droit pour plusieurs raisons :

« La premiere, pour ce que jaysoit ce que ledit molin soit nouvellement édiffie, ce ne peuvent alléguer lesdits opposans que ce soit nouveal édifice, ne nouveal molin, car icellui édifice et molin est rédiffie au propre lieu et forme ou estoit anciennement ledit molin ;

« La seconde, pour ce que sont lesdits molins du travers de la Sogne, situez au lieu et plaice ou estoient les anciennes escluses dudit molin, lesquelles lesdi... religieux ont fait faire à leurs frais et despens, et sont icelles grandes, et en icelles ont fait faire une porte grande pour passer et repasser marchans, que sont grands frays pour eulx ;

« La tierce, pour ce que ce seroit estrange besoigne se lesdits deffendeurs vouloient dire que tous ceux qui veullent passer par lesdites portes et escluses ont faculté de les rompre sans licence, et laissier courre laigue (l'eau) sans paier passaige ne le droit, car il est tout notoire que quand ladite porte d'icelle escluse est ouverte, ledit molin ne peult mouldre, et aussy la pesche est perdue, et ce ladicte porte couroit deux où trois heures continuellement, laigue feroit grand domaige esdites escluses ;

« La quarte, que tous ceulx qui passent par lesdites escluses et portes dudit molin paient et ont accoustumez de païer ledit passaige, sans y mettre de difficulté, et mesmement ils ont païer et paient quand ils passent Jehan du Bois, de Mesgny, Gerart, de Hallaincourt, et Jehan Maire, de Selles ; et pareillement le paient lesdits deffendeurs et autres passant par la rivière de Sogne, en tous les molins estans sur ladicte rivière en la seigneurie, batifs et ressort dudit Jonvelle et en plusieurs autres molins ;

« Pour ce aussi que quand lesdits deffendeurs et autres passant par ladicte rivière de Sogne paient ledit passaige au molin de Sendrecourt, appartenant aux religieux de Cherlieu et à Huguenin Chenevier, escuier, combien qu'ils ne passent pas la porte et escluse dudit molin, mas soulement passent par de costé ung bras de rivière quand laigue peut porter lesdits navoys, et néantmoins ils paient ledit passaige ;

« Ce nonobstant lesdits deffendeurs, au mois de jung mil CCCCLXIII, passèrent par lesdites escluses ès portes desdits religieux et icelles rompirent, c'est assavoir ledit Jean Hugart a tout sept charges et navoys et ledit Jehan Prevot auxi à tout sept charges et sans rien vouloir payer. »

Le procureur des moines terminait cet exposé des points de fait et de droit en demandant au juge : 1° de reconnaître l'existence légale du droit de péage ; 2° de condamner solidairement les défendeurs au paiement des vingt-huit engrognes réclamées (vingt-huit engrognes, environ deux sous et demi en monnaie de France).

Les bateliers répondaient :

« Que selon droit et raison il n'est loisible à homme de quelque Estat qu'il soit du comté de Bourgogne de pouvoir mettre trahin (trainage, droit de péage) ni servitude en rivière, en molins, ne autres choses sur le peuple marchand et autres, ce toutes voies, se il n'en ait autoritey ou puissance de monseigneur le duc et comte de Bourgoigne ;

« Et supposé que autres seigneurs voussit (veuille) mestre treu (droit de péage) et servitude en la rivière de Sogne ou autre part, et il venoit à la cognoissance des officiers de mondit seigneur, telle constitution et servitude seroit mise au néant ;

« Et combien que lesdits religieux demandeurs n'ayent aucun droit ou puissance d'avoir fait ou mis servitude à l'endroit du moulin séant sur la rivière de Sone, appelé le molin de la Mugnele, néantmoins indhuement et sans cause veulent mettre treu et servitude sur tous marchans alant et passant par ladite rivière de Sogne à l'endroit dudit molin ;

« Et que ne seroit jà trouver que oncques servitute ne
treu fust paier pour passer les marchans par de costé ledit
molin jusques au présent débat ;

« Et aussy que de toute ancienneté et de sy longtemps que
n'est mémoire du contraire, lesdits deffendeurs et leurs prédécesseurs marchans dudit Selles, et autres passant par de
costé ledit molin, ont toujours estez, comme encoire sont
francs, quictes et exampz de ladite servitude, mas sont toujours passés et repassés par ladite Sogne et à l'endroit dudit
molin, ensemble et leurs dits navoys, toutes et quantesfois
que bon leur a semblez, sans aucun empeschement ;

• Et desdits droits, eulx et leurs prédécesseurs dont ils
ont cause, ont joy et use paisiblement, publiquement et
notoirement par dix XX, XL, LX, LXXX, cent ans et plus ;
et mesmement par les darriers au veu et sceu de tous
ceulx qu'ils lont voulu veoir et savoir et desdits demandeurs
non contredisant, sans destourbier ou empeschement jusques
au présent procès ;

« Et jaçois ce que lesdits deffendeurs ne feussent en
autres manières tenuz de païer ladite servitute, iceulx
demandeurs ont voulu faire gaigier (saisir) lesdits deffendeurs en passant par ladite rivière à l'endroit dudit molin,
pourquoy lesdits deffendeurs se sont opposez ;

« Que ce seroit chose bien diverse de vouloir mettre ledit
treu à l'endroit dudit molin sur lesdits deffendeurs et autres
marchans y passant, car lesdits deffendeurs et autres passans
contréval ladite Sogne, vont au long dicelle tout au long de
la comté de Bourgoingne jusques a Chalon, dès Mostureul-
sur-Sogne sans rien païer, et cilx passant par les bonnes
villes cy-après desclairées, esquelles a plusieurs molins,
portz et passaiges, c'est assavoir par Port-sur-Sogne, Con-
flandel, Sceith (Scey), Ray, Savoieul, Molin-Neuf (Moulin-
Neuf), Vereul, Rigney, Gray, Auxonne, Saint-Jehan-de-Lone,
Parrigney, Chastellet, Poilley, Seurre, Chezelle, Chasnoy,

Verdun, Leliot et Chailon, auxquels passaiges ne autres marchans lesdits deffendeurs ne paient riens de telles servitutes.

« Ne obsteroit ce lesdits religieux demandeurs disoient qu'ilz ont refait ledit molin et que en passant comme lesdits deffendeurs font à l'endroit dudit molin icelui laisse à moudre; car il ne nuit en riens ausdits demandeurs de passer par ladite rivière, laquelle est commune pour tous marchans y passant, sans leurs y pouvoir mettre aucun empeschement, ne aussi sans rien perdre du droit de leurs moustures de leur dit molin;

« Et aussi ne peullent occuper ladite Sogne en manière que marchans ne doignent avoir leur passaige, car ce seroit contre le bien public;

« Ne obste auxi se lesdits demandeurs disoient qui ly a certain molin au finaige Dormoy assiz en la rivière de Sogne et que lesdits deffendeurs et tous aultres marchans y passant ils paient tel servitute comme celle dont il est débat : car ce ne nuit ausdits deffendeurs pour ce que ledit molin est assiz en la seigneurie de madame dame de Bourgougne, laquelle par consentement de mondit seigneur le duc, il peult mettre telle servitute qu'il lui plait, ce ne pouvoient pas faire lesdits demandeurs ne autres sans licence de mondit seigneur le duc ;

« Et est chose bien estrange de vouloir mettre ladicte servitute à l'endroit du molin pour cause dudit passaige, attendu que oncques telle servitute n'y fut mise pour ce que l'on v vit jamais molin jusques au présent, lequel ait esté en ruyne et en désert depuis environ deux cens ans encoy. »

Les bateliers de Selles concluaient « à ce que feust dit par sentence deffinitive estre et devoir demeurer quictes et absoultz de l'impétition et demande desdits demandeurs, et que à bonne et juste cause ils s'estoient opposez. » Mais le bailly de Jonvelle donna gain de cause aux religieux de

Clairefontaine, reconnut l'existence du droit de *treu* ou de péage, et condamna les habitants de Selles, représentés par les deux bateliers nommés dans le procès, au paiement des engrognes et aux dépens.

Ce document prouve que la navigation de la Saône supérieure était assez active au XVe siècle, puisque deux bateliers y conduisaient à eux seuls quatorze « navoys » ; trois autres bateliers sont encore cités dans le procès, et il est probable qu'ils n'étaient pas les seuls. On peut donc approximativement estimer que plus de 200 bateaux circulaient annuellement entre Selles et Chalon, en passant par les pertuis de Conflandey, Port-sur-Saône, Scey, Ray, Savoyeux, le Moulin-Neuf (territoire de Beaujeu), Vereux, Rigny, Gray, Auxonne, Saint-Jean de Losne, Pagny, Chatelet, Pouilly, Seurre, Chazelle, Chasnois, Verdun et Leliot. Les marchandises transportées consistaient principalement en meules, mortiers, *clyves* (petites planchettes), provenant des carrières et des forêts des Vosges.

A partir du XVIe siècle, cette navigation prit une si grande importance, que sous le gouvernement des archiducs Albert et Isabelle qui administrèrent avec tant de sagesse et d'habileté le comté de Bourgogne, des ordonnances furent rendues pour protéger et favoriser la batellerie de la Saône. Le recueil des ordonnances de Pétremand renferme le règlement « pour le maistre des ports et passages de la rivière de Saône en ce pays, et de l'ordre qu'il aura à tenir tant en ses visites que pour journées et vacations » (1). C'est en 1613 que ces instructions furent données au sieur Tarevel, qui remplissait alors les fonctions de maître des ports de la Saône. Il lui est enjoint de faire ses visites de trois ans en trois ans, suivant l'ordre du visiteur général des hauts chemins du comté de Bourgogne, tant par eau que par terre ; il

(1) Ordonnances de Franche-Comté réunies par Pétremand, livre II, tit. XIX, p. 88.

aura le droit d'avoir un homme avec lui par terre, et par eau
trois, s'il est nécessaire, pour la conduite de sa barque. Ses
frais et dépens, taxés par journées, lui seront payés par les
habitants des lieux où il fera lesdites visites et qu'il fera
travailler aux réparations nécessaires aux chemins longeant
les bords de la rivière, « ainsi que par ceux auxquels appar-
tiendront les ponts, portières, deffends, combrots et autres
empêchements qui sont en ladite Saône, d'autant qu'ils
tirent proffit et émolument des bateliers navigant sur icelle. »
Ces chemins longeant la Saône et aboutissant aux ponts,
portières, combrots et deffends devront avoir dix-huit pieds
de large. Le maître pourra faire couper les arbres qui empê-
cheraient la libre circulation des chevaux de halage, après
avoir prévenu toutefois les officiers des lieux voisins pour
assister à leur abatage si bon leur semble. Il veillera à ce
que tous les ponts, ports et passages de ladite rivière de
Saône soient bien entretenus et fournis de bonnes barques,
tant grandes que petites, pour la commodité et « assurance
des passans sur icelles. » S'il reconnaît aucun faux port et
passage non permis, il fera défense aussitôt aux passagers
(passeurs) de ne s'y entremettre davantage à peine de châti-
ment exemplaire. Pour mieux faire observer ces défenses, il
saisira leurs bateaux. Ces prescriptions, ajoutent les ordonnances, ont pour but d'empêcher « plusieurs voleries qui se
commettent audit pays à la faveur de tels passages. »

Il devra aussi avoir égard aux marchandises que « l'on
distrayera dudit pays par ladite rivière, ports et passages,
afin que s'il en retreuve aucune dont la distraction soit
prohibée et défendue, communément appelée de contrebande,
comme harnois, munitions de guerre, armes, filets et autres
sous ce nom, il saisisse et arrête icelles et en dresse procès-
verbal et inventaire pour tenir compte du tout. » Ce sera lui
qui veillera à ce que les marchands qui arriveront aux ports
avec leurs marchandises ne soient « ni maltraités, ni oppres-

sés, » et que les portefaix et gagne-deniers y travaillent fidèlement et « sans excès, pour à quoy les contenir choisira le plus capable et paisible d'entre eux qui pour ce faire prestera le serment, et d'y tenir la bonne main, surtout aura en singulière recommandation la conservation des droits et autorités de Leurs Altesses Sérénissimes et que rien n'y soit altéré, mettra en surplus en dehue et prompte exécution tout ce qu'au regard de sa charge luy sera commandé par ledit gouverneur. » Sa première visite commencera au port de Selles, aux frais des bateliers dudit lieu, « et dont quelques-uns d'entre eux devront assister à ladite visite pour faire remarquer au maître des ports les obstacles que rencontre la navigation de la Saône jusqu'au pont de Gray, car ce sont surtout ces bateliers qui ont intérêt à ce que ces obstacles disparaissent. »

L'application de ce règlement donna lieu à un conflit entre le gouverneur de la Franche-Comté et le Parlement, en 1663. Le marquis d'Yenne avait autorisé la conduite, de Gray en France, de bateaux chargés de bois ; le Parlement prétendit que cette autorisation avait été donnée au détriment de ses droits, car il appartenait à lui seul de permettre la sortie des marchandises prohibées, et les bois étaient du nombre (1).

Dans le cours de l'enquête faite au sujet de cette difficulté, on voit que le commerce de la Saône portait principalement, au XVII° siècle, sur les grains, le bois, le fer et le vin ; mais le Parlement pouvait, quand les récoltes de la province étaient jugées peu abondantes, interdire par un édit la sortie desdites marchandises. On comprend le peu de sécurité que devait donner au commerce un pareil système, assez sem-blable à celui de l'échelle mobile. La conquête française ne changea rien à cet état de choses. Seulement le Parlement, réduit à ses fonctions judiciaires, ne s'immisça plus dans

(1) Mémoire de M. Perraud sur la lutte des gouverneurs et du parlement de Franche-Comté.

l'administration proprement dite, et par conséquent dans la promulgation des édits relatifs à la navigation de la Saône, qui resta du ressort exclusif de l'intendant.

Tels ont été dans leur ensemble le commerce et la navigation de la Saône depuis les temps les plus reculés jusqu'en 1789. Ajoutons, en terminant cet aperçu, que cette rivière a toujours eu pour principal rôle de mettre en communication la Méditerranée et l'Océan, l'Italie et le midi de la France avec les Flandres et l'Allemagne. Quoique le canal que projetait Lucius Vetus n'ait pas été exécuté, la Saône n'en resta pas moins une des grandes voies commerciales de l'Occident sous l'empire romain et au moyen âge. Ainsi pour voyager on préférait, au XIIe siècle, s'embarquer sur la Saône que de s'aventurer sur des routes peu sûres et mal entretenues. Nous voyons en effet, en 1093, Etienne, abbé de Bèze, revenant de Luxeuil, s'embarquer à Conflandey pour retourner dans son abbaye (1). A Chalon-sur-Saône et à Saint-Jean de Losne se tenaient des foires très-importantes où les marchands lombards et pisans échangeaient leurs produits contre ceux que leur apportaient les négociants du nord de la France et de l'Allemagne. De vastes magasins, appelés « maisons des Balles, » étaient établis dans ces deux villes pour recevoir et entreposer ces marchandises lors de leur débarquement, et même dans les temps les plus troublés, pendant les incursions des routiers à la fin du XIVe siècle, de grandes mesures étaient prises pour assurer la sécurité de ces foires, ce qui prouve toute l'importance qu'on attachait alors à la navigation de la Saône (2).

(1) *Spicileg. Acherii*, II, 345. « Stephanus abbas, dum remigando per Segunnam ad ecclesiam Besuensem remearet, ab Hermunio domino in villâ Sivoio (Seveux) hospitio susceptus est. »

(2) *Mémoire sur les incursions des grandes compagnies dans les deux Bourgognes*, p. 41.

IV.

Il nous reste, pour terminer cette étude historique sur la
Saône, à tracer un tableau sommaire des principaux peuples
qui ont habité ses bords depuis la plus haut. antiquité
jusqu'aux temps modernes, des villes les plus remarquables
qu'elle a arrosées, puis à déterminer quel a été le rôle
politique joué par ce cours d'eau comme frontière entre les
deux Bourgognes, et par suite entre le royaume de France et
l'empire d'Allemagne.

Afin de donner plus de lucidité à ce travail, nous passe-
rons successivement en revue les époques préhistorique et
gauloise, romaine, des invasions des Barbares et de l'établissement des Burgundes en Gaule, du morcellement de l'empire carlovingien, ainsi que de la fondation et de la chute du
troisième royaume de Bourgogne.

I. — Epoques préhistorique et gauloise.

La science archéologique a depuis une trentaine d'années
fait de nombreuses découvertes qui lui ont permis, avec l'appui
de la géologie, de reculer de beaucoup dans la nuit des temps
l'apparition et la dispersion de l'homme sur la terre. Ce n'est
pas ici le lieu d'exposer ce que les savants appellent époques
de la pierre taillée, de la pierre polie et du bronze. Qu'il
nous suffise de faire remarquer que ces diverses périodes ne

présentent pas entre elles des intervalles brusquement tranchés, car l'instrument en pierre polie a coexisté encore longtemps avec celui de bronze, comme au moyen âge l'invention des armes à feu ne fit pas disparaître immédiatement l'usage des anciennes armes de jet, l'arc et l'arbalète. Elles s'étendent depuis un temps indéterminé jusqu'à quinze cents ans avant Jésus-Christ, pour la Gaule surtout, où la civilisation ne pénétra que tardivement.

Durant cette longue suite de siècles, des peuplades venues progressivement de l'Asie centrale s'établirent sur les bords de la Saône, où on retrouve encore, de temps à autre, les vestiges de leur industrie primitive. A l'appui de cette assertion, nous pouvons citer la découverte de la station préhistorique de Solutré près de Mâcon, ainsi que différents ossements et instruments en silex et en bois de renne trouvés dans la Saône elle-même, à Trévoux, grâce aux actives recherches de M. Valentin Smith.

Treize ou quatorze siècles avant l'ère chrétienne, des traditions historiques conservées par les écrivains de l'antiquité (1) nous donnent les noms et quelques détails sur les

(1) Julius Solinus, Poly hist., chap. II : « Bocchus absolvit Gallorum veterum propaginem Umbros esse. » Isidore de Séville, Origines, lib. IX, chap. XXII : « Umbri Italiæ gens est, sed Gallorum veterum propago. » Annius de Viterbe. Descript. Italiæ : « Portionem vero Apennini a fontibus Tyberis ad Nar inhabitant Umbri, prima veterum Gallorum proles, ut Augustus scribit. » Pline-le-Natural., lib. III, cap. XIV : « Umbrorum gens antiquissima Italiæ existimatur. » Florus, lib. I, cap. XVII : « Umbri antiquissimus Italiæ populus. » Denys d'Halycarnasse, lib. I, cap. III : « Les Pélasges, après avoir traversé les montagnes d'Italie, arrivèrent au pays des Umbri, voisins des Aborigènes. Ces Umbri occupaient plusieurs autres cantons de l'Italie, et c'était une nation des plus grandes et des plus anciennes. » Marci Porci Catonis Fragmenta, id., 1590, p. 136 : « Galliam togatam primi coluere Liburni et Siculi quos pepulerunt Umbri; hos Hetrusci, CCC et amplius eorum validissimis oppidis justi more belli expugnatis, eos tamdem vicere Galli. » Pline-le-Natural. : « Siculi et Liburni plurima ejus tractum te-

peuples qui habitaient les rives de la Saône. C'étaient d'abord
les *Amrha* (les vaillants) qui, selon le témoignage de
M. Amédée Thierry (1), se précipitèrent sur l'Italie, d'où ils
chassèrent les Sicules. Du mot *Amrha*, les Latins ont fait
Ambro et *Umbri*. « Ce ne fut pas sans avoir longtemps
résisté, dit M. Amédée Thierry, que les Sicules abandonnèrent
à la horde gallique leur terre natale ; les combats qu'ils
soutinrent contre elle sont mentionnés par les anciens historiens, comme les plus sanglants dont l'Italie eût été jusqu'alors le théâtre. Vaincus enfin, ils se retirent au midi de
la Péninsule, d'où ils passèrent dans la grande île qui prit
d'eux le nom de Sicile. Cet événement, qui livrait à la race
celtique toute la vallée du Pô, eut lieu vers l'an 1374 avant
notre ère. Les vainqueurs ne s'arrêtèrent pas là, ils pous-
sèrent leurs conquêtes jusqu'à l'embouchure du Tibre : ce
fleuve, le Nera (*Nar*) et le Trento (*Truentus*) devinrent la
frontière méridionale de leur empire, qui, s'étendant de là
aux Alpes, embrassa plus de la moitié de l'Italie. Possesseurs
de ce grand territoire, les Ambres ou Ombres s'y organisèrent
suivant les usages des nations galliques. Ils le partagèrent
en trois régions ou provinces déterminées par la nature du
pays. La première, sous le nom d'Is'Ombrie ou de Basse-Om-
brie, comprit les plaines circumpadanes ; la seconde, appelée
All'Ombrie ou Haute-Ombrie, renferma les deux versants de
l'Apennin et le littoral montueux de la mer supérieure ; la
côte de la mer inférieure, entre l'Arno et le Tibre, forma la
troisième et reçut la dénomination de Vil'Ombrie ou d'Ombrie maritime. Quelques siècles après cette invasion, les
Tyrrhéniens ou Rhasènes (*Rhasena*, en ajoutant l'article *Ta
Rhasena*, d'où les Grecs, probablement, ont fait *Tyrseni* et

nuere, in primis Palmensem, Prœtutianum Adrianumque agrum.
Umbri eos expulere, hos Etruria, hanc Galli. »
(1) Amédée Thierry, *Histoire des Gaulois*, tome I, pp. 10 et suiv.
Introduct., p. XLIII.

Tyrrheni), si célèbres dans l'histoire sous le nom d'Etrusques, s'emparèrent du pays occupé par les Ombres, qui fut appelé dès lors l'Etrurie, *du nom des vainqueurs.* »

Les Ombres ne se résignèrent pas tous à la servitude. Plusieurs se réfugièrent dans les vallées des Alpes, notamment les Caturiges, que Pline appelle *Insubrium exules.* Un grand nombre repassèrent dans les Gaules, où ils retrouvèrent place soit parmi les Helvètes, soit parmi les tribus éduennes, sur les bords de la Saône, où ils perpétuèrent le nom d'Isombre.

Les descendants de ces Insubres qui, repoussés de l'Italie, étaien retournés dans leur pays d'origine, prirent part, d'après Tite-Live, à l'expédition de Bellovèse et des Bituriges contre les Etrusques, en l'an 600 avant Jésus-Christ. Voici en quels termes le grand historien latin raconte cette expédition (1) : « Pour ce qui est du passage des Gaulois en Italie, voici ce qu'on en raconte : à l'époque où Tarquin l'Ancien régnait à Rome, la Celtique, une des trois parties de la Gaule, obéissait aux Bituriges, qui lui donnaient un roi. Sous le gouvernement d'Ambigatus, que ses vertus, ses richesses et la prospérité de son peuple avaient rendu tout puissant, la Gaule reçut un tel développement par la fertilité de son sol et le nombre de ses habitants, qu'il sembla impossible de contenir le débordement de sa population. Le roi, déjà vieux, voulant débarrasser son royaume de cette multitude qui l'écrasait, invita Bellovèse et Ségovèse, fils de sa sœur, jeunes hommes entreprenants, à aller chercher un autre séjour dans les contrées que les dieux leur indiqueraient par les augures ; ils seraient libres d'emmener avec eux autant d'hommes qu'ils voudraient, afin que nulle nation ne pût repousser les nouveaux venus. Le sort assigna à Ségovèse les forêts hercyniennes ; à Bellovèse les dieux montrèrent un plus beau chemin, celui de l'Italie. Il appela à

____

(1) *Histoire romaine,* liv. V, chap. xxxiv.

lui, du milieu de ces surabondantes populations, des Bituriges, des Arvernes, des Sénonnais, des Eduens, des Ambarres, des Carnutes, des Aulerques, et partant avec de nombreuses troupes de pied et à cheval, il arriva chez les Tritastins. Là, devant lui, s'élevaient les Alpes; et ce dont je ne suis pas surpris, il les regarda comme des barrières insurmontables ; car, de mémoire d'homme, à moins qu'on ne veuille ajouter foi aux exploits fabuleux d'Hercule, nul pied humain ne les avait franchies. Pour ainsi dire enfermés au milieu de ces hautes montagnes, les Gaulois cherchaient de tous côtés, à travers ces roches perdues dans les cieux, un passage par où s'élancer vers un autre univers, quand un scrupule religieux vint encore les arrêter ; ils apprirent que des étrangers, qui cherchaient comme eux une patrie, avaient été attaqués par les Salyes. Ceux-là étaient les Massiliens, qui étaient venus par mer de Phocée. Les Gaulois virent là un présage de leur destinée ; ils aidèrent ces étrangers à s'établir sur le rivage qu'ils avaient abordé et qui était couvert de vastes forêts. Pour eux, ils franchirent les Alpes par des gorges inaccessibles, traversèrent le pays des Taurins, et après avoir vaincu les Toscans, près du fleuve Tésin, ils se fixèrent dans un canton qu'on nommait la terre des Insubres. Ce nom, qui rappelait aux Eduens les Insubres de leur pays, leur parut d'un heureux augure, et ils fondèrent là une ville qu'ils appelèrent *Mediolanum*. »

Ces Insubres occupaient en Gaule, d'après M. Valentin Smith, la région comprise entre les Eduens, les Arvernes, les Vélaunes, les Helviens, les Allobroges, les Helvètes et les Séquanes. Quand César apparut dans les Gaules, ils n'existaient plus, ou du moins ils ne constituaient plus une *civitas*. Quelle fut la cause de leur disparition? C'est un problème historique qui n'a pas encore été résolu d'une manière satisfaisante par les auteurs qui ont essayé d'en donner une explication. César parle d'un autre peuple, les Ségusiaves, et comme il le place à peu près dans la même région que les Insubres, on en a conclu que des hordes venues de Suse, dans les Alpes, auraient envahi le territoire des Insubres en les dispersant et en les anéantissant comme nation.

Les Ségusiaves occupèrent le territoire des Insubres, c'est à-dire la plus grande partie du territoire lyonnais, comprenant le Forez et la Bresse entre l'Ain et la Saône. Ce ne fut seulement qu'une quinzaine d'années avant la conquête de César que les Séquanes s'emparèrent du *pagellus* habité par les Ségusiaves entre le Rhône et la Saône. Dans cette lutte, suivant Perreciot, les Éduens et les Ambarres avaient soutenu les Ségusiaves (1). Ces Ambarres ou Ambrons avaient la même origine que les Insubres et occupaient la partie orientale de la Bresse et le Bugey.

Malgré l'obscurité qui nous cache en partie l'histoire de ces époques reculées, un fait certain se dégage cependant pour nous de ces ténèbres ; c'est que la Saône n'était pas dans son cours inférieur une limite entre les diverses *civitates* celtiques qui se partageaient cette région de la Gaule. Nous avons vu, en effet, que les Ségusiaves occupaient les deux rives de cette rivière, et il avait dû en être de même, selon toute probabilité, des Insubres qu'ils avaient remplacés.

Examinons maintenant si le cours moyen et supérieur de la Saône était alors une frontière naturelle entre les Eduens et les Séquanes. La phrase célèbre des Commentaires de César : « *Flumen est Arar quod per fines Æduorum et Sequanorum in Rhodanum influit, incredibili lenitate, ita ut oculis in utram partem fluat judiciari non possit,* » est le point de départ de cette assertion répétée avec la plus grande unanimité par tous les historiens anciens et modernes, que la Saône séparait les Eduens des Séquanes (2). Strabon

(1) Perreciot, *Dissertation sur les limites de l'ancienne Séquanie,* p. 37.

(2) César, Comm. *De Bello gallico,* lib. I, chap. xii.

ajoute que cette rivière séparait aussi le territoire séquanais
de celui des Lingons (1). Mais il fait remarquer que l'inimitié des Eduens et des Séquanes s'était accrue par les
contestations des deux peuples au sujet de la Saône, chacun
d'eux prétendant à la possession exclusive de cette rivière
ainsi qu'à la perception des péages (2).

Ces contestations prouvent d'une manière irréfutable que
la Saône n'était pas entre les deux peuples une frontière
aussi absolue que l'ont avancé César, Strabon et après eux
les écrivains latins. Sur ce point, nous admettons complètement les réserves faites par M. Auguste Bernard (3). D'après
ce dernier, les rivières, qui servent fort souvent de frontières
aujourd'hui, ne jouaient pas le même rôle chez les Gaulois.
« Les deux rives d'un fleuve, dit-il, appartenaient presque
toujours au même peuple et cela avec raison, à notre avis,
car une rivière est plutôt un lien qu'une séparation. Cette
assertion semble en contradiction avec ce que rapportent
César, Strabon et d'autres auteurs qui, très-souvent, donnent
des rivières pour limites aux peuples gaulois; mais nous
ferons remarquer que ces écrivains se sont servi d'indications
générales, et que les rivières sont mentionnées par eux
moins comme des limites que comme des points de repère.
Il est bien évident que nous entendons parler uniquement
ici de la partie navigable des fleuves et rivières, de celle
dont les deux rivages étaient également abordables, et non
de celle où des rochers ou d'autres obstacles naturels en
interdisaient la navigation, ou rendaient soit une rive, soit
les deux rives inabordables, car alors, comme aujourd'hui,
elles pouvaient servir de limites : ce dont on voit de nombreux exemples. »

(1) Strabon, lib. IV.
(2) Idem.
(3) Auguste Bernard, Cartulaire de Savigny et d'Ainay. Introd.,
pp. 25 et 26.

Adrien de Valois (1) fait aussi remarquer que la Saône n'était pas une limite rigoureuse entre les Eduens et les Séquanais, et que le premier de ces peuples s'étendait un peu sur la rive gauche de la Saône, suivant l'usage gaulois. Une portion de ce territoire fit en effet, plus tard, partie des diocèses de Mâcon et de Chalon, dont les chefs-lieux se trouvaient sur le territoire éduen. Ce qui montre d'ailleurs clairement combien le passage de Strabon est obscur et avec quelle réserve il doit être admis, c'est qu'il y commet deux grossières erreurs, d'abord en plaçant les Eduens entre le Doubs et la Saône, puis en faisant descendre cette rivière des Alpes.

La Saône ne fut pas davantage une barrière entre les Séquanes et les Lingons comme le prétend Strabon. Perreciot (2), s'appuyant sur l'autorité du grand géographe de l'antiquité, admet que de Saint-Jean de Losne à Recologne (Haute-Saône), la Saône a séparé la Séquanie du pays des Lingons. Outre le témoignage de Strabon, il invoque, pour le prouver, l'appellation d'un village du nom de *La Marche*, un peu au-dessus de Saint-Jean de Losne, et la séparation des diocèses de Langres et de Besançon que faisait cette rivière dans ces parages. Nous avons déjà vu combien il serait imprudent de prendre à la lettre le texte de Strabon. Quant à l'appellation de *La Marche*, on ne saurait non plus en tirer un argument sérieux, car ce mot de *Marche* est, d'après Adrien de Valois (3), d'origine germanique, et nous pensons qu'il fut usité dans le langage topographique, surtout après l'invasion des barbares; il dut donc servir à désigner plutôt

(1) Adrien de Valois, *Notitia Gall.*, verb. Brixia.

(2) Perreciot, Dissert. sur la « Maxima Sequ., » *Mémoires de la Franche-Comté*, t. IV, pp. 10 et 11.

(3) Adrien de Valois, *Notitia Gall.*, verb. Marcha : « Marcha vel Marchia Germanicâ linguâ significat regni aut provinciæ alicujus terminum. »

les confins des *pagi* que ceux des anciennes *civitates*
celtiques. De ce que, sur une faible étendue, les diocèses de
Langres et de Besançon étaient séparés par la Saône, on ne
pourrait non plus conclure que ce fût là leur limite absolue.
Perreciot admet lui-même que de Recologne jusqu'à sa
source, la Saône appartenait aux Séquanais exclusivement, et
que leur territoire était divisé dans cette région de celui de
Langres par une ligne qui laissait à sa droite Recologne,
Raucourt, Molay, Chauvirey-le-Vieil, Voisey, Bourbonne et
Aigrémont, et à sa gauche Roche, La Rochelle, Chauvirey-
le-Châtel, Vaux-la-Douce, Coiffy et Amoncourt. Cette ligne,
qui sépare encore aujourd'hui les diocèses de Langres et de
Besançon, se terminait près des sources de la Meuse.

Ainsi on ne peut affirmer que la Saône ait servi de frontière absolue entre les Séquanes d'une part et les Eduens et
les Lingons de l'autre. Mais ce qui ne saurait être mis en
doute, c'est que déjà, à cette époque reculée, elle offrait à la
navigation et au commerce une voie qui n'était pas négligée.
Il est probable que de Marseille les marchands phocéens,
remontant le Rhône et la Saône, venaient jusqu'au cœur de
la Gaule échanger les tissus grecs et les fruits de l'Italie
contre les toisons et les chênes des Lingons ou les salaisons
des Séquanes (1).

(1) Il y a quelques années, une pirogue à la façon de celles que
fabriquent les sauvages, c'est-à-dire faite d'un tronc d'arbre et
creusée au feu, a été retrouvée dans la vase de la Saône, près du
port de Gray. Des ouvriers employés au draguage ou d'autres per-
sonnes l'ont brisée presque immédiatement à coups de hache, ne se
doutant pas de l'intérêt qui s'attachait à sa conservation. (Note de
M. Longchamps, dans son *Mémoire sur les anciennes inscriptions de
la Haute-Saône.*) — Au mois de septembre 1877, une pirogue du
même genre a été trouvée dans le lit de la Saône, un peu au-
dessous de Scey-sur-Saône, en construisant le barrage de Saint-

Des textes de César et de Strabon il semble résulter que la Séquanie comprenait, avant la conquête romaine, toute la région délimitée par les Helvétiens, les Allobroges, les Ambarres, les Eduens, les Lingons, les Leuques, les Médiomatrices et les Germains. D'après le dernier de ces auteurs, le nom de Séquanes, par lequel on désignait le peuple qui habitait ce pays, lui venait de la Seine, *Sequana*, qui le traversait. Mais nous avons fait voir combien cette opinion était erronée, et qu'il y avait eu probablement confusion chez Strabon entre la *Sequana* et la *Sauconna*, plus généralement appelée de son temps *Arar*.

Il nous reste à dire quelques mots des principales villes qui, avant la conquête romaine, ornaient déjà les bords de la Saône. Nous savons que Lyon, avant César, n'existait pour ainsi dire pas, et que devait tout au plus se trouver au confluent du Rhône et de la Saône une mince bourgade que Munatius Plancus transforma en une florissante colonie, métropole de toute la Celtique. Il est probable que Mâcon et Chalon, dont les noms sont évidemment celtiques, n'étaient aussi à cette époque que des villes peu considérables. Cependant César cite Mâcon (*Matisco in Æduis*) (1) et Chalon (*Cabyllinum*) (2). Il parle aussi de la ville d'*Amagétobrie* (3), où se donna, entre les Séquanais et les Germains d'une part, commandés par Arioviste, et les Eduens de l'autre, le combat décisif qui mit ces derniers à la merci de leurs voisins et assura le premier rang dans la Gaule celtique à la Séquanie. L'emplacement de cette localité, dont le nom ne se retrouve pas dans les historiens postérieurs à César et n'a pas été non plus conservé dans quelque appellation

Albin. Elle a été conservée et transportée au musée gallo-romain de Saint-Germain.

(1) César, dans dom Bouquet, tome I, p. 122.
(2) Idem.
(3) Idem, Comment., lib. I.

moderne, n'a pas pu être encore déterminé d'une manière certaine. Quelques auteurs l'ont placé près de Porentruy; d'autres, et parmi eux Dunod, suivi par dom Bouquet, et M. Amédée Thierry, l'ont assimilé à Broye, commune du département de la Haute-Saône, située à deux kilomètres du confluent de la Saône et de l'Ognon, et où l'on voit encore des vestiges d'aqueducs et les restes de vastes constructions romaines. Ces savants font remarquer que la première partie du mot *Amagétobrie* est formée d'un préfixe, *Amagéto*, qui a dû disparaître pour ne laisser subsister que le radical *bria*, que l'on retrouve dans Broye.

Telles étaient à l'époque celtique les principales villes arrosées par la Saône.

L'auteur de l'*Histoire de la ville de Poligny*, Chevalier, dans une dissertation qu'il a consacrée à l'origine du nom des Séquanais, et où il fait venir avec raison, selon nous, ce mot de celui de *Secana*, la Saône, prétend aussi que cette rivière a été appelée *Sek-bonne*, et en composition *Ségonne*, parce qu'elle servait de limite au territoire de ce peuple. Puis, ajoute-t-il, « les noms des différentes villes situées sur les rives de la Saône, Matiscone, Cabilone, Auxonne, Saint-Jean de Losne, sont composés en partie du nom de la rivière qui baigne leurs murs, laquelle a été nommée quelquefois simplement *Onne*, comme il se voit par le nom de Saint-Jean de l'Onne. » Il entasse exemples sur exemples pour justifier cette étymologie, décomposant les noms des principaux cours d'eau de l'est de la Gaule, pour avoir : « *Senonum-ana*, la Seine; *Matrona, Matricum-ana*, la Marne ; *Rhenus, Rhetorum-anus*, avec une terminaison masculine, le Rhin ; *Rhodanus, Rhodionum-anus*, le Rhône. Ces dénominations peuvent être plus vraisemblablement adoptées de cette manière que de toute autre. La Seine était la borne qui séparait les Sénonnais des Belges ; la Marne, une borne pour les Médiomatrices ; le Rhin pour les Rhètes; le Rhône, suivant Pline, pour les Rhodiens ; de même que la Saône, *Segona*, faisait limite entre les Séquanais et les Eduens. »

Mais tout en partageant l'opinion de Chevalier en ce qui concerne la similitude des deux noms de *Saône* et de *Séquanes*, nous ne saurions toutefois le suivre dans les conséquences qu'il en tire. Nous avons déjà fait observer avec quelle réserve il fallait admettre que cette rivière eût été, entre les Eduens et les Séquanais, une frontière aussi absolue que tous les historiens l'ont affirmé d'après César. Quant au mot *onna* entrant dans la composition des noms des villes de Chalon, Mâcon, Auxonne, Saint-Jean de Losne, et désignant la rivière qui les arrose, c'est là une interprétation ingénieuse peut-être ; mais sur laquelle on ne peut s'arrêter sérieusement ; car que de noms de villes en Gaule eurent des désinences en *onum*, *ona* et *one*, sans pourtant s'appliquer à des localités situées sur la Saône, ni même sur aucun cours d'eau.

II. — Epoque romaine.

D'après Perréciot, « les colonies romaines que Munacius Plancus établit à Lyon et à Rauracum obtinrent des distinctions qui annonçaient leur origine et l'affection du fondateur. Lyon cessa de dépendre des Eduens et leur enleva les Ambarrois. La ville de Rauracum (Augts près de Bâle) ne fut pas moins privilégiée. Soustraite de même de la dépendance des Séquanais, elle agrandit son territoire du Sundgau et de la Haute-Alsace habitée par les Latobrigi et les Tulingi, clients des Séquanais. » Nous admettons d'autant plus volontiers cette opinion que la politique romaine avait tout intérêt à diminuer le territoire et par suite l'influence des Séquanais, le peuple qui avait montré le plus de résistance lors de la conquête. Dans ce remaniement des territoires des Eduens et des Séquanais, les Ambarrois, qui avaient été d'abord les clients de ces derniers, puis des Eduens, finirent par dépendre de la métropole lyonnaise. La Saône ne servit donc pas davantage de limite entre les territoires reconstitués à cette époque.

Sous Vespasien, en récompense de l'appui prêté par les Séquanes aux Romains lors de la révolte des *civitates* de la Belgique et des Lingons, la plus grande partie de l'Helvétie fut réunie au territoire séquanais, qui d'ailleurs ne reçut aucun agrandissement du côté de la Saône.

Adrien de Valois admet qu'avant d'être érigée en province sous le nom de *Maxima Sequanorum* par Pupien Maxime ou par Constantin, la Séquanie avait fait partie de la Celtique d'abord, puis ensuite de la Belgique. La Celtique, en effet, d'après César, comprenait tous les peuples qui habitaient entre le Rhône, la Garonne, l'Océan, les confins des Belges et atteignait le Rhin par les Séquanais et les Helvétiens. Strabon place aussi dans la Celtique ou Lyonnaise ces deux peuples. Ce serait Auguste qui, lors de son voyage en Gaule, aurait réuni la Séquanie à la Belgique. Mais Perreciot est d'un autre avis. S'appuyant sur le vers de Virgile que nous avons rapporté dans notre premier chapitre (*Aut Ararim Parthus bibet, aut Germania Tigrim*), sur Vibius Sequester (*Arar Germaniæ fluvius e Vogeso monte miscetur Rhodano*) et sur l'autorité plus grande d'Ammien Marcellin (*et emensus spatia flexuosa Ararim, quem Sauconnam appellant inter Germaniam primam fluentem, etc.*), il prétend que pendant toute la durée du Haut-Empire, cette province a dépendu de la Germanie supérieure et non de la Belgique. Le témoignage d'Ammien Marcellin donnerait beaucoup plus de poids à cette opinion si cet auteur n'eût pas écrit longtemps après Constantin, c'est-à-dire à une époque où la Séquanie était devenue la *Maxima Sequanorum* et désignée ainsi dans toutes les publications officielles appelées *Notices de l'Empire*. Il est vrai qu'Ammien Marcellin a pu se servir de l'expression géographique qu'il avait trouvée employée par les historiens latins et peut-être encore alors en usage en dehors de la langue de l'administration et de la politique. Perfeciot propose aussi de lire *tertiam* au lieu de *primam*, car, d'après lui, dans la *Notice des provinces* du P. Sirmond, la *Maxima Sequanorum* est nommée immédiatement après les deux Germanies, et, en outre, elle serait appelée *Germania tertia* dans une autre *Notice* extraite de la bibliothèque de M. de Thou, et *patria Alamanorum* dans la *Cosmographie* de l'Anonyme de Ravennes.

Quoi qu'il en soit, remarquons qu'Ammien Marcellin se sert pour décrire le cours de la Saône de l'expression « *inter Germaniam priman*, » sans corrélatif, c'est-à-dire sans indiquer l'autre province entre laquelle d'une part, et la Germanie de l'autre, la Saône aurait coulé. Il nous est permis d'en conclure que cette rivière n'était pas alors une limite bien précise entre la Grande Séquanaise et la Première Lyonnaise, car l'auteur n'eût pas employé le mot *inter* sans corrélatif, expression qui dans ce cas ne peut pas être traduite en français par *entre*, puisque le second terme de la séparation manque ; elle ne peut être exactement rendue que par *au milieu de*, *à travers* (Voir le *Dictionnaire latin-français* de M. Louis Quicherat, verb. INTER). D'ailleurs, quelques lignes plus haut, Ammien Marcellin, parlant du Rhône, dit explicitement que ce fleuve coulait entre la Savoie et la Séquanie (*per Sapaudiam fertur et Sequanos*) ; aussi, si la Saône avait séparé la Séquanaise de la Première Lyonnaise, il l'eût signalé comme il l'a fait pour le Rhône, et n'eût pas écrit qu'elle coulait au milieu de la Première Germanie.

Passons à l'énumération des villes situées sur le cours de la Saône pendant la période romaine. Ptolémée cite parmi les villes des Eduens, Chalon, qu'il appelle *Caballinum*, et Lyon, *Lugdunum, metropolis insignis* (1). Parmi les cités

(1) Dom Bouquet, tome I, p. 75. Ex Ptolemaï lib. II. Traduction

des Séquanes, une seule de celles énumérées par lui pouvait se trouver sur les bords de la Saône, c'est celle qu'il nomme *Didattium*. Il lui assigne en effet la position géographique suivante : 25 degrés longitude 10 minutes, et 45 degrés latitude 40 minutes, tandis qu'il place Besançon au 26ᵉ degré de longitude et au 46ᵉ degré de latitude. C'est une preuve irréfragable que cette ville était située au sud-ouest de Besançon. D'ailleurs, l'ordre dans lequel Ptolémée énumère les villes des Séquanes indique bien qu'il suit une marche d'occident à l'orient. Il cite d'abord *Didattium*, puis Besançon (*Visontium*), *Equestris* (Nyon) et *Aventicum* (Avenche) (1).

Comme *Didattium* n'a été mentionné que par Ptolémée, et que les géographes postérieurs, de même que les itinéraires et les Notices de l'empire n'en parlent pas, son emplacement est très-difficile à déterminer ; aussi les savants sont-ils très-partagés à ce sujet. Quelques-uns, avec Dunod, qui cite à cet égard dom Bouquet (2), admettent que la ville moderne de Dôle a remplacé l'ancien *Didattium* ; d'autres, comme Chevalier (3), croient trouver dans les environs de Mutigney (commune de l'arrondissement de Dôle, département du Jura) des vestiges d'établissements romains qui correspondraient à cette cité, et cette assimilation serait en effet celle qui cadrerait le plus exactement avec la position géographique assignée par

de dom Bouquet : « Ab ortu autem Arvernorum usque ad divertigium Rhodani fluvii ad septentriones Æduorum habitat gens, et civitates eorum Augustodunum, Caballinum, Lugdunum, metropolis insignis. »

(1) Dom Bouquet, tome I, p. 79 : « Sub iis, Sequani quorum civitates : Didattium 25 long. 10, 45 latit. 40 ; Visontium 26 long. 46 latit. ; Equestris 27 long. 45, latit. 40 ; Aventicum 28 long. 45, lat. 30.

(2) Dom Bouquet, tome I, p. 79, loc. citat. Note. « Dunodus putat esse Dolam Sequanorum. »

(3) Chevalier, *Histoire de Poligny*, tome II, p. LXX.

Ptolémée. Enfin les ruines romaines que l'on trouve en grand nombre à Corre (arrondissement de Vesoul, département de la Haute-Saône) ont été aussi considérées comme celles de l'antique cité de Ptolémée. Danville, dans sa carte des Gaules, place *Dittatium* non loin de l'embouchure du Côney dans la Saône, et c'est en s'appuyant sur le témoignage du savant géographe que quelques auteurs ont retrouvé cette ville sur l'emplacement de Corre (1). Mais jusqu'à présent les faits produits et les explications données par les partisans des différentes opinions sur la position de *Didattium* ne sont pas assez décisifs pour résoudre d'une manière définitive ce problème historique. Cependant on peut considérer comme indiscutable que *Didattium* était situé à l'ouest de Besançon et probablement sur le cours de la Saône.

Aux villes déjà connues situées sur la Saône, Lyon, Mâcon. Chalon, l'Itinéraire d'Antonin ajoute *Tinurtium* (Tournus) (2).

(1) *Dictionnaire des communes de la Haute-Saône* de M. Suchaux, verb. Corre. « On a même conjecturé qu'il (Corre) était bâti sur les ruines de Didattion, ville séquanaise, et c'était l'opinion de M. le docteur Humblot, de Jussey. Il la puisait dans les cartes de l'ancienne Gaule publiées par Danville et Robert Bonne. Ces géographes placent effectivement Didattion au confluent de la Saône et du Côney, précisément sur le point qu'occupe aujourd'hui le village de Corre, et s'accordent à le montrer, à quelques minutes près, au 24ᵉ degré 53 minutes de longitude et au 47ᵉ degré 57 minutes de latitude, c'est-à-dire à dix lieues d'Andomaturum, quatre d'Aqua Borbonis, sept de Luxovium, six de Portus Abucinus, et dix-sept de Visuntium. A ces notions topographiques, M. Humblot ajoute une autre preuve tirée d'un bas-relief trouvé à Corre, et sur lequel on épelle ces lettres : ADITIEDTOTIAN. Ces caractères, auxquels notre langue refuse toute prononciation, étaient, suivant lui, une anagramme où sont compris les mots : Dittationeida, Didittationea et Didattitionea, d'où l'on aura fait Dittation, mot plus approprié à l'idiome gaulois. » (*Histoire de Jonvelle*, par MM. les abbés Châtelet et Coudriet, p. 15.) Nous reviendrons plus tard sur Corre à propos du *pagus Colerensis.*

(2) Dom Bouquet, tome I, p. 105. Ex Itinerario Antonini Augusti.

Dans la *Table de Peutinger*, on rencontre en outre une localité appelée *Segobodium*, sise à dix-huit lieues de Langres, qu'on s'accorde à retrouver dans la commune de Seveux (canton de Fresne-Saint-Mamès, arrondissement de Gray, département de la Haute-Saône) (1). Dans les *Notices de l'Empire*, il apparaît encore une autre ville appelée *Portus Abucini* (2), *Portus Ubicini* (3), *Pontus Abbucina* (4) et *Portus Bucini* (5). Si la position de *Segobodium* n'est pas contestée, il n'en est pas de même de celle de *Portus Abucinus*. Ainsi Adrien de Valois a d'abord assimilé ce lieu au village de Buchillon, entre Nyon et Lausanne, tout en rapportant l'opinion d'Holstein dans ses commentaires sur Ortelius, qui le placé sur la Loue, à Port-Lesney (canton de Villers-Farlay, arrondissement de Poligny, département du Jura). Cependant, à la fin de son article, il fait remarquer que le *Portus Abucinus* est mentionné dans la *Vie de S. Urbain*, évêque de Langres, comme une ville située entre cette dernière cité et le Jura, et sur la voie qui allait de Langres à Besançon, puisque l'archidiacre Valère, qui suivait cette route pour se rendre à Rome, fut pris par les barbares à Port-Abucin, et y subit le martyre (6).

(1) Dom Bouquet. Table du 1er volume.

(2) Idem, p. 123. Notitia provinciarum et civitatum Galliæ temporibus Honorii Augusti condita « Provincia Maxima Sequanorum numero IV : Portus Abucini. »

(3) Idem, tome II, p. 2. Ex Notitiis veteribus provinciarum et civitatum Galliæ. « In provincia Maxima Sequanorum civitates IX : Portus Ubicini. »

(4) Idem, p. 9. Ex nominibus provinciarum vel civitatum Regionis Galliæ ex cod. viri clarissimi Philiberti du Sault, Senatoris burdegalensis. « In provincia Maxima Sequanorum : Pontus Abbucina. »

(5) Idem, p. 11. Ex nominibus etc. ex veteri membranâ quæ exstat in bibliothecâ viri clarissimi Alexandri Petavii, Senatoris parisiensis. « Provincia Maxima Sequanorum : Portus Bucini. »

(6) Adrien de Valois, verb. Portus Abucinus. « Provinciæ Maximæ Sequanorum quatuor civitatibus et tribus castris ultimum subji-

Quoique de Valois ne tire pas les conclusions de cette
dernière citation, il est certain qu'elle a dû complétement lui
faire abandonner sa première opinion, ainsi que celle
d'Holstein, qu'il a rapportée. Il faut donc chercher *Portus
Abucinus* entre Langres et Besançon et sur la voie romaine
qui mettait en communication ces deux villes. Comme il
existe entre ces deux cités une localité appelée Saint-Valère,
où la tradition rapporte que le corps de ce saint, après avoir
été enlevé des mains des barbares, fut caché et longtemps
conservé, on en a conclu que *Portus Abucinus* ne devait pas
être éloigné de ce lieu. Saint-Valère se trouve en face de
Port-sur-Saône (chef-lieu de canton du département de la
Haute-Saône, arrondissement de Vesoul), bourg dans lequel

ciunt Notitiæ veteres Galliarum Portum Abucini, qui aliàs Portus
Bucini, aliàs Portus Abbucina dicitur et in unâ quâdam Notitiâ
mendosè Portus Ubicini. Sed cùm penè solæ Notitiæ provinciarum
et civitatum Galliæ ejus loci portùsque mentionem fecerint, quid
eo nomine designetur divinare non possumus. Est ad lacum Lemannum inter Coloniam Equestrem et Lausannam Buchillon locus;
is et Bussigny vicus ad fluvium Venogiam (la Venoge) qui in
Lemannum effluit, ab urbe Lausanna, parum distant. Hunc aut
illum similitudine nominum ducti Portum Bucini vel Abucini
olim dictum esse, verè similiter forsitan suspicabimur. Holstenius
in suis adnotationibus in Ortelii thesaurum geographicum repugnan-
tibus omnibus codicibus Notitiarum Galliæ, Portum Lucini vo-
candum esse ait, quia ad fluvium Lucinum (si quis tamen ejus
nominis fluvius est) positus sit et nunc Port de Lêné locum hunc
appellari affirmat, secutus nescio quem auctorem recentem, cui
assentire non possumus. Forsitan locum vult dicere positum ad
ripam fluminis Lupæ (la Louve), non procul a Salinis Sequanorum,
qui vulgo Port-Lainay nuncupatur. Sed ego in vitâ M. S. Sancti
Urbani Episcopi urbis Lingonicæ portus Bucini mentionem fieri
video, cumque inter urbem Lingonas et montem Juram in Sequa-
nis collocari; quem portum Abucini, vel portum Bucini Notitiarum
nostrarum esse non dubito. Verba scriptoris Vitæ talia sunt : Va-
lerius Archidiaconus Lingonensis Ecclesiæ iter sequanicum ingressus, ad Alpium Jurenssium partes tendebat. Pergens igitur quo
cœpit itinere ad locum quem haud longè positum ex antiquo incolæ
appellant Portum Bucinum. »

la plupart des savants ont cru retrouver les restes de l'antique
ville des *Notices de l'Empire*. Les nombreux vestiges romains
qu'on y rencontre, la proximité de Saint-Valère, le mot Port
donné à cette localité depuis les temps les plus reculés,
permettaient jusqu'à un certain point cette conjecture. Mais
avec une observation attentive, on remarque que ce bourg
est trop au nord pour correspondre à l'ancien *Portus Abucinus*,
et qu'il est inadmissible que la route qui conduisait de Langres
à Besançon eût fait un coude aussi considérable. Puis il serait
assez anormal que ce fût le premier mot Port, ayant un sens
générique, qui eût subsisté dans l'appellation moderne sans
laisser de traces du terme topique caractérisant un port
spécial, *Bucinus* ou *Abbucinus*. Ces divers motifs nous ont
engagé à rechercher plus au sud de Port-sur-Saône une localité correspondant mieux aux exigences des textes que nous
avons cités. Nous avons été frappé dans cette étude par la
rencontre, sur la carte de l'Etat-Major, du nom d'une commune
située sur la Saône, à environ douze kilomètres au sud de
Port-sur-Saône, qui nous a paru répondre tout à fait à
l'ancien *Portus Abucinus :* c'est Bucey-les-Traves. Chevalier,
avant nous, avait déjà fait la même remarque, et nous
approuvons complétement les termes dans lesquels il la
formule. « C'est à Ovanches, dit-il, et à Pont, et non à Port-
sur-Saône, que l'on doit placer le *Portum Bucinum* de la
Notice. Cette contrée fournit tout ce qui peut convenir à son
emplacement : la situation et la position de Port-sur-Saône
ne sont point favorables à l'opinion qui a été suivie. Le nom
de Port est vague et ne caractérise point assez. On ne trouve
rien d'ancien à Port-sur-Saône ; j'ai été sur les lieux et l'on
a interrogé (1). La proximité du hameau de Saint-Vallier, où

(1) Depuis, M. Galaire, membre du Conseil général de la Haute-
Saône, a fait exécuter à Port-sur-Saône des fouilles qui ont amené
la découverte de substructions de villas gallo-romaines considérables,
sur l'emplacement desquelles ont été trouvés de nombreux objets,
tels que médailles, fibules, etc.

l'on tient que S. Valère a été enterré, le nom de Port et la situation de ce bourg sur la Saône sont les circonstances qui auront déterminé les sentiments. Mais un passage ou port vis-à-vis Bucey, où l'on a établi ensuite un pont dont on voit les restes dans la Saône, le concours des voies romaines à ce point, les vestiges de chaussées qui s'y rencontrent, les tuiles antiques et d'autres monuments qu'on y trouve fréquemment, la distance même d'une lieue et demie entre cet endroit et le tombeau de S. Valère, me persuadent que c'est ici le Port-Abucin, lequel, selon qu'il était d'usage et que nous en voyons des exemples, avait été ainsi nommé du nom de Bucey, qui était de l'autre côté de la Saône, à son opposite. De même que Oscelle, sur la voie romaine, est dans un ovale parfait formé par le circuit que le Doubs fait autour de son territoire, de même Ovanches et Pont occupent une figure semblable, décrite par la Saône. Le village de Pont a disparu ; les sables et le limon que la rivière charrie y ont exhaussé considérablement le terrain et couvrent les vestiges qui en restent. Malgré cela, on y voit encore un pavé qui appartenait à la chaussée qui aboutissait à un pont vis-à-vis de Bucey. Les restes de ce pont ne sont point équivoques ; pour peu que les eaux soient basses, elles les laissent voir. Sa largeur répondait à celle de la voie de Vatte à Seveux, laquelle est de seize à dix-sept pieds. Quant à Ovanches, où était le gros de lieu appelé *castrum Portus Bucini*, son territoire est rempli de grandes ruines dans une grande partie ; on en découvre dans les vignes, sur la colline au-dessus du village ; on trouve quelques souterrains dans les champs voisins de la prairie. Entre Ovanches et Rupt, le long d'une colline, et entre Rupt et Vy-les-Rupt, il y a des endroits bas et abandonnés, où l'eau séjourne, que l'on appelle *lares*, d'un mot qui annonce le passage d'une voie sillonnée. Quantité de briques, d'anciennes fondations de bâtiment et des pavés bien travaillés s'offrent de tous côtés aux recherches des

curieux. Je dois la plupart de ces découvertes à la politesse
de dom Anselme Berthod, religieux Bénédictin connu par
plusieurs ouvrages qu'il a fournis à Messieurs de l'Académie
de Besançon. Il a bien voulu, à ma prière, ensuite des ouver-
tures que je lui ai faites, aller visiter les lieux ; mes conjec-
tures, par ses soins, se sont tournées en preuves. Il m'a fait
part d'une singularité qu'il a remarquée, d'ailleurs très-
connue des gens du canton : c'est une multitude d'écluses
dont on aperçoit les vestiges dans la Saône, lorsque ses eaux
sont basses et limpides. Ce religieux en a compté jusqu'à dix
dans cette portion d'ovale que la rivière forme en cet endroit ;
elles sont, au rapport de ceux qui les ont examinées de près,
plus solidement construites que celles de notre âge ; dans
quelques-unes, la portière était dans le milieu. Quel pouvait
être l'usage de tant d'écluses dans un espace si court ? Bucey,
situé en amphithéâtre en deçà de la Saône, sur la pente d'une
colline qui s'abaisse doucement, presque jusqu'au bord de la
rivière, fournit des vestiges de deux chemins d'une construction qui caractérise ceux des Romains : l'un n'était qu'un
rameau qui, par le Moutherot, Vy-le-Ferroux, Noidans-le-
Ferroux, allait se réunir à la voie de Seveux à Besançon ; les
vestiges sont très-apparents par intervalles » (1).

A ces considérations, nous pouvons ajouter qu'une des
Notices de l'Empire (2) appelle la localité dont nous recher-
chons l'emplacement *Pontus Abbucina* au lieu de *Portus.* Ce
dernier mot était du reste, dans ce cas, synonyme de *pontus,*
barisme de la décadence, dont la signification exacte est
passage. Cet usage du mot *portus*, employé dans le sens de
passage, a été fréquent au moyen âge, comme le prouve
Ducange (3). Maintenant encore on désigne dans les Pyrénées

(1) Chevalier, *Histoire de Poligny*, tome II, p. LXXI.
(2) Voir les *Notices de l'Empire*, dont le texte a été rapporté plus
haut.
(3) Ducange, verb. Portus.

les défilés ou les cols sous le nom de *ports*. Ce Pont-Abucin ou Port-Abucin a subsisté jusque dans les temps modernes dans la localité appelée Pont (1), qui devait sans aucun doute ce nom à un pont construit à cet endroit et dont on apercevait encore les fondations au siècle dernier, au témoignage de dom Grappin (2). Il est probable aussi que cette ville romaine était à cheval sur les deux rives de la Saône, formant deux quartiers réunis par un pont. Le village actuel de Bucey doit sans aucun doute correspondre à la partie située autrefois sur la rive gauche. Cette position de *Portus Abucinus* sur les deux bords de la Saône est une preuve irréfragable que, dans les derniers temps de l'empire romain, cette rivière ne servait pas de limite entre les Lingons et les Séquanais, car cette ville est placée par toutes les *Notices de l'Empire* dans la *Maxima Sequanorum*. L'assertion d'Ammien Marcellin qui fait traverser et non confiner cette province par la Saône, s'accorde donc parfaitement avec le texte des *Notices de l'Empire*.

III. — Invasion des barbares. — Etablissement des royaumes bourguignon et franc. — Formation des circonscriptions territoriales appelées « pagi. »

Lors de l'invasion des barbares et du démembrement de l'Empire romain, les Burgundes venus des bords de la Vistule, après avoir erré longtemps dans la Germanie et s'être arrêtés quelques années en Thuringe, finirent par occuper l'Helvétie,

(1) Archives de la Haute-Saône, B. 5953. Dénombrement de la seigneurie de Rupt (XVIII⁰ siècle). « M. Dufort d'Orçay a également justice directe mainmortable sur le territoire de Pont-les-Traves, village ruiné et confondu dans le territoire d'Ovanches. »

(2) *Almanach de la Franche-Comté*, année 1785.

puis en 413 s'emparèrent, d'après Cassiodore et Prosper d'Aquitaine, des provinces de la Grande Séquanaise et de la Première Lyonnaise, c'est-à-dire des pays des Séquanes et des Eduens. L'empereur Honorius fut obligé de reconnaître leur établissement comme légal et régulier. Sous son successeur Valentinien III, le fameux général Aëtius, en les battant en Champagne, parvint à arrêter quelque temps leurs progrès. Mais ne pouvant s'opposer à leurs efforts, il finit par leur abandonner la province viennoise en 438. Les Burgundes occupèrent alors, comme dit Grégoire de Tours (1) et d'après lui la Chronique de Verdun (2), les pays situés aux environs du Rhône et de la Saône. Il est remarquable que si alors le Rhône servit à séparer leurs possessions de celles des Wisigoths, la Saône ne fut pas toutefois une frontière pour eux, car ils étaient établis indifféremment sur ses deux rives dans la Grande Séquanaise et la Première Lyonnaise, provinces qui devaient former plus tard l'une le comté, et l'autre le duché de Bourgogne.

Quand les fils de Clovis eurent fait la conquête définitive de ce premier royaume de Bourgogne, ils s'en partagèrent les dépouilles sans tenir aucun compte du rôle que la Saône pouvait jouer comme frontière dans cette division. Et depuis, sous les Mérovingiens, les deux Bourgognes, formées de la Première Lyonnaise et de la Grande Séquanaise, furent presque toujours réunies au royaume d'Austrasie et en éprouvèrent les vicissitudes politiques.

Mais examinons si la Saône servit à séparer les nouvelles divisions géographiques et administratives qui appa-

(1) Grégoire de Tours, lib. II, chap. xxxii.

(2) Dom Bouquet, tome III, p. 534. Ex Chronico Verdunensi Hugonis abbatis Flaviniacensis circa 498 ann. : « Burgundiones, tunc Arianorum sectam tenentes, habitabant circa Ararim et circa Rhodanum qui fluunt juxta urbem Lugdunensem, quibus præerant Gundebaudus et Godegesilus fratres. »

raissent à cette époque sous le nom de *pagi*. Ce mot fut employé à partir du V° siècle dans quatre significations différentes. « Il s'appliqua, dit M. Alfred Jacobs (1), pour désigner le territoire de bourgs et de localités infimes d'un *vicus*, d'une *villa*, d'une *domus*, un territoire moindre qu'une cité, mais d'une étendue assez considérable. C'est généralement l'ancien *pagus* celtique, celui d'une cité tout entière ; enfin il désigne une contrée quelconque. Dans Frédégaire, il s'applique surtout au territoire qui entoure une cité et qui en dépend. Plus tard, au IX° siècle, lorsque l'on organisa les archidiaconés, ou plutôt quand les archidiacres eurent un pouvoir territorial au lieu des simples fonctions des délégués des évêques, les archidiaconés correspondirent à peu près à l'étendue territoriale des *pagi*, comme les diocèses à celle des anciennes provinces romaines. Cette assimilation des divisions ecclésiastiques aux circonscriptions des *pagi* permet généralement de déterminer d'une manière assez exacte leurs limites, car les archidiacones ont subsisté dans leur état primitif jusqu'aux temps modernes. »

Il ne sera donc pas dépourvu d'intérêt de passer en revue les *pagi* qui avoisinaient la Saône et de remarquer quel rôle a joué cette rivière comme ligne de démarcation entre eux. Ces *pagi*, dépendant soit du comté, soit du duché de Bourgogne, sont au nombre de onze que nous examinerons dans l'ordre de leur position géographique du nord au sud. Ce sont les *pagi* dits *Collatensis* ou *Colerensis*, *Portensis*, *Amaous*, *Attuariorum*, *Oscarensis*, *Scodingum*, *Arebrignus*, *Cabilonensis*, *Matisconensis*, *Dombensis* et *Lugdunensis*.

Frédégaire rapporte que la treizième année du règne de Thierry, Théodebert, roi d'Austrasie, avait pour femme Bilichilde, que Brunehaut avait achetée à des marchands. Comme Bilichilde était aimable et chérie des Austrasiens,

---

(1) Grégoire de Tours. *Géographie* de cet historien et de Frédégaire, tome II, pp. 287 et suiv.

qu'elle dédommageait du pauvre esprit de Théodebert, elle ne se croyait en rien inférieure à Brunehaut, et souvent elle l'insultait par ses messagers, pendant que de son côté cette reine lui reprochait d'avoir été sa servante; enfin, après qu'elles se furent réciproquement irritées par des ambassades et des paroles de ce genre, on convint d'une entrevue aux confins du Saintois et du Souloussois (*placitum inter Colerensem et Suentensem, inter Bilichildem et Brunichildem fitur*), afin que ces deux reines se réunissent et rétablissent la paix entre Thierry et Théodebert; mais Bilichilde fut détournée de s'y rendre par les Austrasiens (1).

Quels sont ces territoires que Frédégaire appelle *Colerensem* et *Suentensem* et qu'il indique comme étant contigus? Un fait certain d'abord, c'est que l'un de ces *pagi* devait se trouver en Austrasie, c'est-à-dire dans le royaume de Théodebert, et l'autre en Bourgogne, dans celui de Thierry. M. Alfred Jacobs avait supposé, dans la première édition de sa *Géographie* de Gregoire de Tours et de Frédégaire, que *Suentensis* représentait le Sundgau et que, peut-être, *Colerensis* fournissait une des anciennes formes de Colmar. « Mais, dit-il dans sa seconde édition, un examen approfondi, aidé des savantes indications de MM. Houzé et Coste, m'a amené à une conjecture que je crois plus vraisemblable. Le Saintois (comté de Lorraine, diocèse de Toul) est mentionné à côté du Chaumontois, de l'Ornois, du Soulossois, dans le partage fait entre Charles-le-Chauve et Louis-le-Germanique, et il y est appelé *Suintissinus* (Annales de Saint-Bertin, 839-870). Dom Calmet nous apprend (*Notice de la Lorraine*, tome II, p. 374) qu'il n'a pris qu'au XI⁰ siècle le nom de Vaudemont qu'il porte aujourd'hui. C'est aussi du Saintois qu'il est fait mention, dans une patente de Childebert II en faveur de

(1) Frédégaire, cap. xxxv. Traduction de M. Guizot.

l'abbaye de Senones, en 661 (*Diplômes*, tome II, p. 120), à côté du Chaumontois, sous la forme *Suetinsis*. Si donc le *Suentensis* est situé sur les bords du Madon et de la Moselle, dans le département actuel de la Meurthe, le *Colerensis* son voisin ne saurait plus être Colmar. Deux suppositions se présentent : la première, qui a en sa faveur le rapport de nom, nous est suggérée par M. Coste. Ce savant, un de ceux qui se sont occupés de la géographie historique de l'Alsace avec le plus de zèle et de profit, nous propose la vallée de la Brusche dans les Vosges, où se trouvent près de Saint-Dié trois villages du nom de *Colroy*. D'autre part, M. Houzé nous fait observer que *Solmarica* des Itinéraires, aujourd'hui Soulosse sur le Vair, affluent de la Meuse, a donné son nom au pays appelé *Solocensis* dans le partage de 870, et que, entre la variante *Colecensis* fournie par un des manuscrits de Frédégaire, et *Solocensis*, il y a peu de différence. C'est à cette conjecture que nous donnons la préférence ; elle nous a d'autant plus séduit qu'entre le Saintois et le Soulossois, à leur limite, se trouvait un palais royal, Vichery, qui a pu être le lieu de l'entrevue ; de plus, ces deux pays sont limitrophes, tandis qu'entre le Saintois et le Colerenthal, pays de Colroy, il y a toute la région des Vosges. L'identification de *Colerensis* avec le Soulossois nous donne, sur ce point, la limite exacte de la Bourgogne et de l'Austrasie, au temps de Théodebert et de Thierry : c'est Vichery aux confins de ces deux pays » (1).

Nous ne sommes pas complétement d'accord avec M. Alfred Jacobs sur l'assimilation qu'il établit entre le *pagus Colerensis* et le Soulossois. Nous admettons volontiers que le *pagus Suentensis* n'est pas le Sundgau, comme le prétend Adrien de Valois, et que son identification avec le Saintois, comté de la Lorraine, paraît très-vraisemblable Ce *pagus*

---

(1) Alfred Jacobs, *Géographie* de Grégoire de Tours et de Frédégaire, tome II, pp. 441 et suiv.

Suentensis devait, sans aucun doute, être situé en Austrasie dans le royaume de Théodebert. Or le *Colerensis* devant se trouver en Bourgogne, dans les Etats de Thierry, es. il admissible que le royaume de ce dernier se soit étendu jusqu'au Soulossois, c'est-à-dire au milieu de la Lorraine et bien au-delà des limites que la Bourgogne a toujours eues soit comme royaume, soit comme duché.

Cette considération suffirait à elle seule pour nous obliger de chercher ailleurs le *pagus Colerensis*. Puis, si on examine attentivement les textes qui mentionnent ce mot, on arrive rapidement à découvrir la contrée à laquelle il correspondait. Outre le passage de Frédégaire que nous avons rapporté, les Annales de Saint-Bertin citent, à propos du partage fait en 839 entre Charles-le-Chauve et Louis-le-Germanique, un *comitatum Suentisiorum* qu'elles placent entre le comté de Port (*comitatum Portisiorum, sive Portensium*) et le comté de Chaumont (*comitatum Calmontensium*) (1). Il s'agit, sans aucun doute, du Saintois voisin du comté de Port et du Chaumontois. Les Annales, il est vrai, ne parlent pas du *pagus Colerensis*, mentionné par Frédégaire comme voisin du Saintois. Mais ce silence est très-explicable, car depuis le moment où avait écrit cet historien, ce *pagus* avait changé de nom. Une charte que Pérard rapporte à la XVIIe année du règne de Chilpéric Ier, c'est-à-dire à 579, nous apprend que Godin et sa femme Lantrude donnèrent à l'église Saint-Bénigne de Dijon un domaine situé dans le *pagus* dit *de Collatinense* appelé *Albiniacum*, qui est le village actuel de Saint-Marcel-les-Jussey, le nom du patron de l'église ayant remplacé l'appellation primitive (2) Puis, un siècle plus tard,

(1) Adrien de Valois, *Notitia Galliarum*, verb. Suggentensis pagus.

(2) Pérard, *Chartes bourguignonnes*, p. 5. « Godinus cum matronâ Lantrude dat regiculam nomine Albiniacum, sitam in pago de Collatinense basilicæ sancti Benigni, anno XVII regni domini

vers 670, la chronique de Saint-Bénigne analysant cette donation dit que Godin, l'un des principaux seigneurs de Bourgogne, avec son épouse appelée Lantrude, donna à l'église Saint-Bénigne un alleu dépendant de sa juridiction, nommé Albigny et situé dans le *pagus de Colatense* qu'on appelle maintenant *Portuensis* (1). Or ce *pagus Portuensis*, appelé plus anciennement *de Colatense*, ne peut être que le *pagus* de Port, dont nous parlerons plus loin, l'un des quatre principaux du comté de Bourgogne comprenant presque tout le département de la Haute-Saône actuel, « tout le pays qui va de Besançon aux monts de Vosges, » selon dom Grappin. Il est impossible aussi de ne pas remarquer l'analogie qui existe entre les mots *Colatensis* et *Colerensis*, *Colecunsis*, *Colecensis* que l'on trouve dans Frédégaire. Il nous paraît donc très-vraisemblable que le *pagus* où cet auteur place l'entrevue projetée entre Brunehaut et Bilichilde ait été ce *pagus Colatensis* de la chronique de Saint-Bénigne, qui perdit son nom primitif pour prendre celui de *Portensis*. Ce *pagus* se trouvait, en effet, au nord de la Bourgogne, sur les confins de l'Austrasie et, d'après les Annales de Saint-Bertin, voisin du *pagus Suentensis* ou Saintois, puisque tous les deux sont énumérés en même temps dans l'acte de partage de 870.

Quant à l'origine de ce mot *Colerensis* ou *Colatensis*, plusieurs explications ont été proposées à son égard. La première est de M. Roget de Belloguet, qui rétablit le texte de la charte de Godin et y lit *Vesolatense* d'un seul mot au lieu de

nostri Ghilperici regis 579 : « regiculam juris nostri cui vocabulum est Albiniacum sitam in pago de Collatinense. »

(1) Dom Bouquet, tome III, p. 317. *Ex chronico S. Benigni divionensis apud Acherium*, tome I Spicilegii, anno 670, p. 392. « Eo tempore Goduinus quidam ex primatibus Burgundiæ, unâ cum conjuge suâ, nomine Lantrude, dedit sancto Benigno alodium juris sui, cui vocabulum est Albiniacus, situm in pago Decolatense qui nunc generaliter Portuensis dicitur. »

de Colatense. Dans cette hypothèse, ce serait la ville ou plutôt le *castrum* de Vesoul qui aurait donné son nom à ce *pagus.* Nous ne nous arrêterons pas à cette opinion qui ne repose que sur l'altération d'un mot deux fois répété avec la même orthographe par la charte de Godin et la chronique de Saint-Bénigne. Rien ne prouve d'ailleurs que Vesoul ait déjà existé au VIe siècle; quand son nom apparaît au IXe siècle, c'est sous la forme *Vesolense* s'appliquant à un *castrum* qui ne devait pas avoir assez d'importance pour pouvoir donner son nom à une contrée aussi étendue que le comté de Port. Nous préférons de beaucoup l'explication fournie par Perreciot. Ce savant remarque qu'au moyen âge Corre, localité du département de la Haute-Saône dont nous avons déjà parlé à propos de Diddatiou, était appelé *Colra* (1150) et *Coldrinium.* Situé dans le *pagus Portensis*, non loin de *Fauriniacus* (Faverney) où, d'après Frédégaire, se trouvait une villa royale (chap. 29), il a pu donner son nom à la contrée appelée *Colerensis pagus.* Ville considérable sous la domination romaine, si on en juge par les beaux vestiges antiques qu'on y retrouve, et ruinée par les invasions barbares, Corre cessa alors d'être le chef-lieu de la région pour passer cet honneur à Port-Abucin (1). M. Désiré Monnier a pensé que ce mot *Colatensis* avait été mis pour *Latiscensis* et désignait une contrée sise entre Châtillon et Bar-sur-Seine, connue sous ce nom au moyen âge (2). Mais la chronique de Saint-Bénigne assimile ce pays au comté de Port et il est impossible de le chercher au-delà des limites du comté de Bourgogne.

Nous avons prouvé, nous l'espérons, que les *pagi Colerensis* ou *Colatinensis* et *Portuensis* n'en faisaient qu'un seul. Il nous reste à expliquer l'origine de cette seconde

(1) Perreciot, Ebauches manuscrites.
(2) Adrien de Valois, *Notitia Galliarum*, verb. Latiscensis. — Dés. Monnier, *Annuaire du Jura*, 1860.

appellation et à déterminer l'étendue de terrain qu'elle désignait.

C'est la ville de Port-Abucin ou Pont-Abucin, des *Notices de l'Empire*, qui, selon nous, a donné son nom à la région qui l'entourait, comme Mâcon a donné le sien au *pagus Matisconensis*, Chalon au *pagus Cabilonensis*. Chevalier et, après lui, MM. Longchamps et Suchaux ont prétendu que l'expression *pagus Portensis* n'avait pas la signification étroite de *pays de Port*, mais celle plus générale de *pays des ports*, traduisant le qualificatif de basse latinité *portuensis*, comme s'il était mis pour *portuosus*, qui pourrait, en effet, s'appliquer à un pays de commerce fluviatile, découpé de havres nombreux par la Saône et ses affluents. « En d'autres termes, dit M. Suchaux, le *pagus Portuensis* a dû être nommé dans la langue vulgaire *le Portois*, non comme on a dit le Mâconnais, le Tonnerrois, le Barrois, le Langrois, mais comme on a dit le Lassois, le Gâtinais, le Bassigney, le Bugey, la Dombe (1). » Mais on peut objecter à cette explication qu'il serait assez singulier que la contrée où la Saône est le moins navigable fût précisément celle qui eût reçu une dénomination géographique tirée du commerce fluviatile. Il est vrai que Chevalier fait remarquer avec raison que le mot *portus* ne signifie pas *port*, mais bien *passage, bac* ou *pont* (2). Tout en admettant ce sens du mot *portus*, nous ne pouvons croire cependant que ce soit le grand nombre des ports ou passages qui ait fait appeler *Portuensis* l'ancien *pagus Colerensis*, et nous préférons trouver l'origine de cet adjectif dans l'appellation de la cité de Port-Abucin. On peut bien objecter que cette ville, de même que celle de Corre, a dû être détruite lors des invasions des IVe et Ve siècles, et qu'il lui a été, par conséquent, difficile de donner son nom à s contrées qui continuèrent à être appelées ainsi pendant la plus grande

(1) *Dictionnaire des communes de la Haute-Saône*, verb. Vesoul.
(2) Chevalier, *Histoire de Poligny*, tome I, pp. xvii et suiv.

partie du moyen âge (1). Rien ne prouve, toutefois, que la
destruction de ces villes ait été aussi complète qu'on le prétend ; quoique bien déchues, elles ont pu rester debout encore
quelques siècles en donnant toujours leurs noms à la
région qui les entourait. L'Anonyme de Ravenne, qui, de
l'avis des érudits les plus autorisés, écrivait au VIᵉ siècle,
cite encore parmi les villes importantes de la Bourgogne,
Portih qu'il énumère avec Besançon (*Bisuntius*) et Mandeure
(*Mandroda*) (2). Portin, comme l'appelle l'Anonyme de
Ravenne, a donc pu parfaitement, au VIᵉ siècle, donner son
nom au *pagus* qui nous occupe.

Quelle était l'étendue de ce *pagus?* D'après Frédégaire, il
touchait au nord celui qui est appelé *Suentensis*, c'est-à-dire
le Saintois, pays correspondant aux environs de Neufchâteau.
On peut en conclure qu'ils étaient séparés par les monts
Faucilles, qui ont servi de limite naturelle entre la Lorraine
et le comté de Bourgogne pendant tout le moyen âge. A
l'ouest, plusieurs titres prouvent que la Saône n'était pas la
barrière séparant le *pagus* de Port de celui de Langres. Nous
pouvons rappeler à ce sujet la donation faite par Godin à
l'abbaye de Saint-Bénigne de Dijon, en 579, de l'alleu d'*Albiniacum*, qui n'est autre que le prieuré de Saint-Marcel-les-
Jussey, situé par conséquent au-delà de la Saône, et que le
titre place pourtant dans le *pagus Portensis*.

Citons encore : un diplôme de Louis-le-Débonnaire confirmant à Betton, évêque de Langres, la possession de l'église
de Saint-Gengoul, située à l'ouest de Saint-Marcel, dans le
comté de Port (3); celui de Louis d'Outre-Mer accordant, à la

---

(1) Voir *Essai sur Vesoul*, par M. Longchamps ; — *Histoire de
Vesoul*, par M. Gevrey ; — *Histoire de Jonvelle*, par MM. les abbés
Châtelet et Coudriet.

(2) Dom Bouquet, tome I, p. 120. *Ex cosmographiæ Anonymi
Ravennalis* libro IV. « Item juxta fluvium Duba Burgundiœ sunt
civitates, id est Bisuntius, Mandroda, Portin. »

(3) Dom Bouquet, tome VI, p. 461. Ex diplomato Ludovici Pii

prière du comte Hugues, les abbayes de Faverney et d'Enfonvelle à Adelard et à son épouse Addilla, vers 940, abbayes
que le titre place aussi *in pago Portensi* (1) ; la confirmation
par Lothaire II, roi de Lorraine, à l'abbaye de Saint-Etienne
de Dijon, de la propriété de domaines situés dans le comté de
Port et dans les villages de Gevigney et de Lavoncourt, vers
860 (2).

Ainsi Saint-Marcel-les-Jussey, Enfonvelle, l'église de
Saint-Gengoul, Gevigney et Lavoncourt, quoique à l'ouest
de la Saône, faisaient toujours partie du *pagus Portensis* ;
cette rivière ne servait donc pas de limite occidentale à ce
dernier. Quant à l'étendue de cette contrée du côté du sud,
il est assez difficile de la déterminer exactement. Cependant
il est probable que deux institutions politiques et judiciaires
qui se succédèrent au moyen âge, la vicomté de Vésoul et
le bailliage d'Amont, adoptèrent les limites géographiques de
l'ancien comté de Port. Le bailliage d'Amont comprenait, en
1790, la plus grande partie du département de la Haute-
Saône actuel, c'est-à-dire l'espace compris entre l'Ognon, la

pro Bettone Episcopo Lingonensi. « Et in comitatu Portense, cum
omnibus sibi competentibus Ecclesiam sancti Gengulphi martyris
Christi, quæ quorumdam, etc. »

(1) Archives de la Haute-Saône, H. 493. Diplôme de Louis
d'Outre-Mer accordant, à la prière du comte Hugues, les abbayes
de Faverney et d'Enfonvelle à Adelard et à son épouse Addilla
(940). « ..... Ut quasdam abbatias cuidam nostro fideli nomine
Adelardo suæque conjugi Addilæ eorumque hæredibus sitas in pago
Portensi, quarum monasterium unum dicitur Faverniacum dicatum
in honore Sanctæ Mariæ, alterum dicitur Offonis villa dicatum et
ipsum in honore Sancti Leodegarii martyris, etc. »

(2) Dom Bouquet, tome VIII, p. 411. Lotharii Lotharingiæ regis
diploma pro Remigio Lugdunensi Archiepiscopo (vers 860).
« ..... Per quos prænominatæ Ecclesiæ sancti Stephani proto-
martyris Christi designatas res quas hactenus per iniquam commu-
tationem amissas habuit restituimus : hoc est in comitatu Portense
et in Calvaniaco villa mansum dominicatum unum et in Lollam-
Curte mansum, etc. »

Saône jusqu'à Gray, et à partir de là, une ligne « qui laissait
à sa droite Recologne, Raucourt, Molay, Chauvirey-le-Vieil,
Voisey, Bourbonne et Aigremont, et à sa gauche Roche,
La Rochelle, Chauvirey-le-Châtel, Coiffy et Amoncourt » (1).
C'était, dit Perreciot, l'ancienne limite entre les Séquanes
et les Lingons, et qui avait été adoptée pour la séparation
des diocèses de Langres et de Besançon. Elle se terminait
vers les sources de la Meuse. Le *pagus Portensis* avait donc,
selon toute probabilité, la même étendue que le bailliage
d'Amont et comprenait, dit dom Grappin, « l'espace qui
règne depuis le mont de Vôge jusqu'aux portes de Besançon, »
c'est-à-dire tout le bassin de la Saône supérieure jusqu'à
Gray, ainsi que celui de l'Ognon ; car il est à remarquer que
les communes situées sur la rive gauche de cette rivière et
qui font maintenant partie du département du Doubs dépendaient, avant 1790, du bailliage d'Amont.

Telles étaient à peu près les limites de ce comté de Port
que la Saône traversait sans jamais lui servir de frontière,
ainsi que nous venons de l'expliquer.

Au sud de ce *pagus*, on en voit figurer un autre dans les
documents du IXe siècle, qui y est appelé *comitatus Amaus,
pagus Amausensis, comitatus Amausus*. On a beaucoup
discuté sur l'origine de ce nom et donné à cet égard les
explications les plus bizarres (2). Quelques auteurs avaient
cru, avec une certaine apparence de raison, qu'il avait été
appelé ainsi à cause de la ville d'Amagétobrie, aujourd'hui
Broye-les-Pesmes, située effectivement dans ses limites. Mais
l'opinion qui nous paraît se rapprocher le plus de la vérité
est celle qui lui donne pour origine l'établissement de Francs

(1) Perreciot, *Dissertation sur les limites des Séquanes*, p. 11.
(2) Celles de Chevalier et de Bullet, entre autres, pour qui *Amaous*
signifie lieu humide, parce que cette contrée comprenait la partie
basse de la Séquanie ; — de Droz, voulant que les habitants de ce
pays, étant restés orthodoxes en présence des Burgundes ariens,
aient été appelés *homousiani* et aient ainsi donné ce nom à la région.

Chamaves comme lites de l'Empire, dans cette partie de la
Séquanie, sous le règne de Constance-Chlore. Eumène, dans
le panégyrique de Constantin, dit, en effet, que ce prince trans-
porta ainsi dans la Gaule des peuplades germaines, entre
autres des Chamaves (1), et Ammien Marcellin parle des
immigrations spontanées ou forcées des Chates, peuple de la
même race que les Chamaves, et qui s'établirent aussi en
Gaule sous le nom de *Hattuarii* (2). Or le *pagus Hattuariorum* était, comme nous le verrons plus loin, limitrophe de
celui d'Amaous ; il est donc très-probable que tous les deux
doivent leur dénomination à la même cause.

Le *pagus* d'Amaous apparaît pour la première fois en 839.
Les Annales de Saint-Bertin en font mention en rapportant le
partage que Louis-le-Débonnaire fit alors de ses Etats. Il
assigna à Lothaire le royaume d'Italie et une partie de la
Bourgogne, c'est-à-dire la vallée d'Aoste (*vallem Augustanam*),
le Valais (*comitatum Vallisiorum*), le pays de Vaud (*comitatum Valdensem*) jusqu'au Léman (*usque ad mare Rhodani*),
les contrées situées à l'est et au nord du Rhône jusqu'au
Lyonnais (*ac deinde Orientalem atque Aquilonalem Rhodani
partem usque ad comitatum Lugdunensem*), le Scoding (*comitatum Scodingium*), qui correspond aux arrondissements
de Lons-le-Saunier et de Saint-Claude dans le département
du Jura, le Warasque (*comitatum Wirascorum*), comprenant
la plus grande partie du département du Doubs, le Port (*comitatum Portisiorum*), englobant celui de la Haute-Saône, le
Saintois (*comitatum Suentisiorum*), le Chaumontois ou le
pays d'Epinal, selon dom Bouquet (*comitatum Calmontensium*), la région autour de Metz (*ducatum Mosellicorum*), les

---

(1) Panégyrique de Constantin, chap. viii.
(2) Dom Bouquet, tome I, p. 558. Ex libro XXI. Ammiani Marcellini, cap. x. « Transrhenanum ad flumen Lupiam, Hatterch, alias
Haltercu vulgo dictum. Hæc regio vetus patria fuit Attuariorum
eorum, qui in Galliam translati sunt, aut sponte commigraverunt. »

Ardennes (*comitatum Arduennensium*), le pays de Liége (*comitatum Condornsto*), les contrées sises à l'est de la Meuse jusqu'à la mer (*inde per cursum Mosæ usque ad mare*), comprenant entre autres l'Alsace (*ducatum Helisatiæ*), l'Austrasie (*ducatum Austrasiorum*), la Saxe (*regnum Saxoniæ cum marchis suis*), le pays des Bataves (*comitatum Batavorum*).

A Charles-le-Chauve revint l'autre partie de la Bourgogne, c'est-à-dire le comté de Genève (*comitatum Genavensem*), le Lyonnais (*comitatum Lugdunensem*), le Chalonnais (*comitatum Cavallonensem*), le comté d'Amaous (*comitatum Amaus*), le comté des Hattuariens (*comitatum Hatoariorum*), celui de Langres (*comitatum Lingonensium*), celui de Toul (*comitatum Tullensium*), puis tout le pays sis à l'ouest de la Meuse jusqu'à la mer (*et sic per decursum Mosæ usque in mare*), les régions comprises entr la Meuse et la Seine, la Seine et la Loire avec la Marche de Bretagne, l'Aquitaine, la Gascogne avec les Marches qui en dépendent, la Septimanie et ses dépendances et la Provence (*et inter Mosam et Sequanam et inter Sequanam et Ligerim cum Marchiâ Britannicâ, Aquitaniam et Wasconiam cum Marchis ad se pertinentibus, Septimaniam cum Marchis suis et Provinciam*) (1).

Nous nous proposons de revenir plus loin sur cette division de l'Empire de Charlemagne qui, à la vérité, ne fut pas suivie d'exécution et reçut de nombreuses modifications par le traité de Verdun ; mais l'énumération qu'elle donne des contrées de l'est de la Gaule n'en présente pas moins une grande importance. Qu'il nous suffise de faire remarquer que le comté ou *pagus* d'Amaous qui nous occupe faisait partie de la part de Charles-le-Chauve, c'est-à-dire du royaume de Francie occidentale comme on disait alors, et qu'il est énuméré après le Chalonnais et avant le *pagus* des Attuariens. Nous pouvons, grâce à ces deux renseignements, déterminer

(1) Dom Bouquet, tome VI, p. 202.

approximativement la position qu'il occupait. Il devait être situé entre ces deux contrées et à cheval sur la Saône comme le comté de Port. Adrien de Valois admet, en effet, que la localité appelée *Rotegiacum* ou *Rotaiacum* par le prêtre Fortunat, auteur de la *Vie de S. Germain*, évêque de Paris, localité que ce prélat rencontra pour aller du siège de son évêché à Autun, dépendait du *pagus Amoniensis*. Le moine Erric, racontant aussi les miracles de S. Germain, place *Rotaiacum* dans le *pagus Amausensis*. Le savant géographe n'hésite pas à identifier ce *pagus Amoniensis* ou *Amausensis* de la *Vie de S. Germain* à celui dont il est question dans le partage de 839. Il est donc certain qu'il s'étendait à l'ouest de la Saône, puisqu'on le traversait pour aller de Paris à Autun, et c'est probablement en grande partie pour ce motif qu'il figurait dans la part de Charles-le-Chauve (1). Mais il est hors de doute aussi qu'il comprenait une importante étendue de terrain à l'est de cette rivière. La *Vie et la relation de la translation des reliques de S. Vivent* rapporte que les restes de ce bienheureux furent déposés par Agilmar,

(1) Adrien de Valois, *Notitia Galliarum*, verbo Roteiacum et de pago Amausensi : « Fortunatus presbyter in libri de Vitâ Germani Parisiorum episcopi capite xxxvii, Roteiacum villam Parisiacæ Ecclesiæ commemorat, in pago Amoniense, aut ab eo non procul : quam in capite liv villam Rotegiacum vocat, et in capite lxiii Rotaiacum et Parisiis Augustodunum petenti obvium locum esse apertè indicat Annales Bertiniani pagi ejus meminere in rebus anni dcccxxxix, sed corruptè Amans pro Amaus vocant *u* litterâ in *n* conversâ : « Comitatum Lugdunensem, comitatum Cavallonensem, comitatum Amans (lege Amaus), comitatum Hatoariorum, comitatum Lingonium. » Pagus ergo Amans, Amansium, vel Amoniensis erat in Burgundiâ inter pagos Cabillonensem et Attuariorum ad Ararim. Erricus monachus qui de Miraculis Sancti Germani ante annos dccc scripsit pagum Amansensem eum appellat. « Ibi enim Salinæ saltus, Montis Cattæ villæ pagi Amansensis, Campus Vellii dicta » ; pagus Oscarensis et Alisiensis pagus memoratur. Ex quibus intelligitur non longè ab Arari et ab Oscarâ ac Vincennâ et Tilâ fluviis eum pagum abesse. »

évêque de Clermont, dans un lieu éloigné de six milles de la
Saône, où ils demeurèrent jusqu'à l'époque où ils furent
transportés près de Vergy. Or le premier lieu de leur séjour
n'est autre que Saint-Vivent, près de Dôle, à l'est de la
Saône, désigné longtemps sous le nom de Saint-Vivent en
Amaous, pour le *distinguer de Saint-Vivent de Vergy* (1).
Nous pensons même, avec M. Désiré Monnier (2), que la
vallée de la Loue jusqu'aux villages d'Arc et de Senans, a
fait partie de ce *pagus*. Outre le nom de *val d'Amour*,
corruption manifeste du mot *Amaous*, qui est resté à cette
contrée, un diplôme de Lothaire II, roi de Lorraine, portant
donation à son épouse Theutberge de domaines situés dans
divers comtés, entre autres dans ceux d'Amaous (*Amausensi*)
et de Scoding (*Scudensi*), énumère parmi ces villas celle de
Belmont (*Belmontem*), qui est probablement le Belmont des
rives de la Loue (3).

Ainsi la Saône traversait le *pagus* d'Amaous comme celui
de Port sans servir de frontière orientale ni à l'un ni à l'autre.
Adrien de Valois et dom Bouquet nous semblent, avec raison,
placer ce comté d'Amaous dans la bande de terre comprise
entre les rivières de la Tille et de la Vingeanne à l'ouest de
la Saône, puis à l'est s'étendant dans le val inférieur de la

____

(1) Adrien de Valois, *Notitia Gall.*, verb. Roteiacum, etc. « Quod
et docet M. S. Vita et Translatio Sancti Viventii hisce de Agilmaro
Arvernorum Episcopo verbis : Erat ei Præsuli in Burgundiæ partibus in comitatu Amanso possessio à proavis latifundiis propagata
distans vi millibus ab Arari fluviâ : in quâ statuens monasterium
cum claustris et monachorum habitaculis nomini Beati illud dedi-
cavit Viventii; ibi deindè beatum Confessorem cum universo comitatu famulantium collocavit : qui posteà in montem Verciaci castri
tutissimum territorii Augustodunensis locum cum monachis trans-
latus est. »

(2) M. Dés. Monnier, *Annuaire du Jura*, année 1860, p. 165.

(3) Dom Bouquet, tome VIII, p. 412. Lotharius Lotharingiæ rex
Theotbergæ conjugi suæ quasdam villas in variis comitatibus sitas
concedet 866 : « Id est in pago Gratianopolitano, in Bellincâ, in

Loue (1). Dans le premier cas, il séparait le *pagus Hattua-riorum* de celui de Chalon, et dans le second, le comté de Port du Warasque et du Scoding.

Lors du partage qui eut lieu en 843 à la suite de la bataille de Fontanet et du traité de Verdun, le *pagi Amau-sensis* ou d'Amaous n'est énuméré expressément ni par l'historien Nithard, ni par les Annales de Saint-Bertin. D'après ces dernières, Louis-le-Germanique eut toutes les contrées sises au-delà du Rhin, avec quelques cités et les *pagi* en dépendants en deçà de ce fleuve, entre autres Mayence. A Lothaire échut le territoire situé entre le Rhin et l'Escaut, avec le Cambrésis, le Hainaut, le pays de Namur (*Lomensem*) et le Luxembourg (*Castritum*), ainsi que les comtés en deçà de la Meuse jusqu'au confluent de la Saône et du Rhône, dont le cours, jusqu'à la mer, servait de frontière orientale à ce royaume. Toutes les régions occidentales jusqu'à l'Espagne revinrent à Charles-le-Chauve (2). Les Annales parlent bien du cours du Rhin, de la Meuse et du Rhône comme servant de limites entre les différents royaumes partagés, mais elles ne sont pas aussi affirmatives en ce qui concerne la Saône.

Maurianense, Lausonensi, Amausensi, Scudensi, necnon et in pago Lugdunense villas quarum sunt hæc nomina Cavarnum, Lemmin-gum..... Belmontem. »

(1) Adrien de Valois, verb. Roteiacum, etc. ; — dom Bouquet, tome VI, p. 202. Note : « Ex cujus (Errici monachi) verbis patet eum pagum non longè ab Arari, Oscarà, Vincennà et Tilà fluviis abesse. Hatoarii isti ad flumen jacebant, etc. »

(2) Dom Bouquet, tome VII, p. 62. Ex Annalibus Bertinianis anno DCCCXLIII : « Carolus ad condictum fratribus obvians, penes Virodunum conjungitur, ubi distributis portionibus, Hludovicus ultra Rhenum omnia, citra Rhenum vero Nemetum, Vangium et Moguntiam civitates pagosque sortitus est. Lotharius inter Rhenum et Scaldem in mare decurrentem et rursus per Cameracensem, Hainoum, Lomensem, Castritum et eos comitatus qui Mosam citra contigui habentur, usque ad Ararim Rhodano influentem et per deflexum Rhodani in mare, cum comitatibus similiter utrumque adhærentibus. Cetera usque ad Hispaniam Carolo cesserunt. »

L'historien Nithard, il est vrai, dit expressément que cette rivière, depuis sa source jusqu'à son confluent avec le Rhône, séparait la part de Lothaire de celle de Charles-le-Chauve (1). Mais nous préférons nous en rapporter, sur ce point, aux Annales de Saint-Bertin, et il y a toute vraisemblance à admettre que les *pagi* et les comtés qui se trouvaient coupés par la Saône ne furent pas divisés entre les deux royaumes, mais attribués exclusivement à un seul, sans qu'on se fût préoccupé de la rivière qui les traversait. Dans la part de Lothaire se trouvèrent la plupart des *pagi* du comté de Bourgogne avoisinant la Saône, ceux de Port, d'Amaous, de Scoding. En effet, lorsque le fils de ce prince, Lothaire II, qui a donné son nom à la Lorraine, mourut en 870, ses Etats furent l'objet d'un nouveau partage entre ses oncles Charles-le-Chauve et Louis-le-Germanique. D'après cette division résultant du traité de Mersen, Louis-le-Germanique eut les *pagi* de Warasque, de Scoding et d'Amaous ; ce dernier s'étendait, comme nous l'avons démontré, au-delà de la Saône. Dans le comté de Port, les abbayes de Faverney (*Faverniacum*), Luxeuil (*Luxoium*), Lure (*Luteram*) et Enfonvelle (*Offonis villam*) lui furent attribuées. Les trois premières étaient situées à l'est de la Saône et la quatrième à l'ouest. A Charles-le-Chauve échurent Lyon, Besançon, Vienne, les comtés de Bar, de Port, de Lyon, etc., avec les abbayes de Sainte-Marie et de Saint-Martin de Besançon, de Saint-Claude et de Saint-Marcel-les-Chalon (2).

(1) Dom Bouquet, tome VII, p. 30. Nithardi Caroli Nep. historiæ lib. IV, anno dcccxlii : « Cùmque in divisione regni quatuor dies vel eo ampliùs morarentur, tandem visum est ut inter Rhenum et Mosam usque ad exortum Mosæ, ac deinde ad exortum Saugonnæ et sic per Saugonnam usque ad confluentem Rhodani et sic deinde per Rhodanum usque in mare Tyrrenum omnes videlicet Episcopatus, Abbatias, comitatus, fisca eis Alpibus consistentia absque [Italiâ] illi in parte regni tertiâ afferrent ; et si hanc recipere renuat, quid unique debeatur, armis decernant. »

(2) Dom Bouquet, tome VII, p. 109. Ex Annalibus Bertinianis,

Ainsi, dans cette circonstance pas plus qu'en 843, lors du traité de Verdun, on ne se préoccupa des limites naturelles que pouvaient fournir les montagnes et les rivières. On vit même les contrées les plus occidentales du comté de Bourgogne, comme le *pagus* d'Amaous, être dévolues à Louis-le-Germanique, tandis que l'abbaye de Saint-Claude passait sous la suzeraineté de Charles-le-Chauve. Nous nous étonnons donc que des écrivains aussi érudits que MM. Valentin Smith et de Gingins de La Sarraz aient prétendu que, par suite du traité de Verdun, la rive gauche de la Saône ait fait partie, à dater de 843, de l'Empire, et la rive droite des États de Charles-le-Chauve (1). Ce qui augmente notre surprise, c'est que M. de Gingins de La Sarraz reconnaît que le Rhône même ne servait pas de ligne de démarcation absolue entre les deux royaumes. « Comme les provinces ecclésiastiques de Lyon, de Vienne, de Valence, de Viviers, d'Uzès, dit-il, s'étendaient sur l'une et l'autre rive de ce fleuve, et que quelques-unes de ces villes, Lyon entre autres, prolongeaient leurs faubourgs d'un bord à l'autre, ces diocèses furent compris en entier dans les lots échus à l'empereur Lothaire (2). » Ce ne fut pas non plus à partir de ce traité de Verdun, comme le veut M. Valentin Smith, que les provinces en deçà de la Saône prirent le nom de côté de l'Empire, et que le cri « Empire » ou « Royaume » que font entendre encore de nos jours les patrons de la Saône, suivant qu'ils dirigent leurs

anno DCCCLXX : « Et hæc est divisio quam sibi Hludovicus accepit... Faverniacum, Polemniacum, Luxoium, Luteram, Balmam, Offonis villam, Warasch, Scudingum, Amaus. Et hæc est divisio quam Carolus de eodem regno sibi accepit... Lugdunum, Vesontium, Vienna..., abbatias Sanctæ Mariæ in Bisuntione, Sancti Martini in eodem loco, Sancti Augentii, Sancti Marcelli, Barrense, Portense, Salmoriagum, Lugdunense, Viennense, Vivarias, Uccerricum... »
    (1) Val. Smith, *Monographie de la Saône*, p. 85; — M. de Gingins de La Sarraz, *De la Souveraineté du Lyonnais au Xe siècle*, p. 8.
    (2) Idem.

manœuvres sur la rive droite ou sur la rive gauche de cette rivière, fut alors poussé pour la première fois, puisque en 870, Charles-le-Chauve, roi de France, eut, en vertu du traité de Mersen, de nombreuses possessions au-delà de ce cours d'eau; qu'en 940, Louis IV d'Outre-Mer avait sous sa suzeraineté l'abbaye de Faverney, sise au-delà de la Saône. Ce n'est que beaucoup plus tard, à partir de 1042, en vertu de la donation de Rodolphe-le-Fainéant à Henri II et à Conrad-le-Salique, et surtout après le mariage de Frédéric-Barberousse et de Béatrix de Chalon, que les terres d'outre-Saône furent dites d'Empire, et même à cette époque, comme nous le verrons, cette expression ne doit pas être prise trop à la lettre.

Nous ne dirons que quelques mots des deux *pagi* qui touchaient à l'ouest ceux de Port et d'Amaous. Il nous suffira de faire remarquer que l'important comté de Langres (*comitatus Lingonicus in Burgundiâ, vel pagus Lingonicus*) (1) s'étendait sur certains points jusqu'à la Saône, puisqu'il comprenait Jonvelle et Châtillon-sur-Saône; mais en général il n'atteignait pas cette rivière. Adrien de Valois avance que le *pagus* de Port n'a été qu'une subdivision du comté de Langres et devait en dépendre administrativement et politiquement. Mais cette assertion est inadmissible quand on considère que le pays de Port a toujours fait partie du diocèse de Besançon (2). D'ailleurs cet auteur ne sait pas quel est l'emplacement actuel de ce *pagus Portensis* qu'il cite d'après Vignery (*pagus Portuensis, si Vignerio creditur, vel Portensis, nunc obscurus*).

Quant au *pagus Attuariorum*, dont nous avons déjà souvent parlé, il formait bien une des subdivisions du comté de

(1) Adrien de Valois, *Notitia Galliarum*, verb. Lingones.
(2) Idem.

Langres, comme le dit Adrien de Valois. Ces Attuariens, transportés en Gaule par Julien et Constance-Chlore, s'établirent dans le pays des Lingons, au sud de la ville de Langres. Dans la division de l'Empire de Charlemagne, en 839, ce *pagus* est placé entre celui d'Amaous et celui de Langres. Les nombreuses chartes rapportées par la chronique de l'abbaye de Bèze, située dans ce comté, déterminent assez exactement son étendue. Grâce à elles, on peut assigner certainement au *pagus Attuariorum* le territoire compris dans les vallées de la Vingeanne et de la Tille supérieure. Il formait ainsi une étroite bande de terre qui venait aboutir à l'est à la Saône en face de Gray (1). Il est certain en effet qu'il ne dépassait pas cette rivière. Ainsi le canton d'Autrey, une partie de celui de Champlitte avec les abbayes de Colonge et de Theuley dépendaient du comté des Attuariens. C'est pour ce motif que jusqu'en 1803, ces régions ont été comprises dans le diocèse de Langres.

Le *pagus Oscarensis* qui doit son nom à la rivière dite

(1) Adrien de Valois, *Notitia Galliarum*, verb. Attuarii. « In chronico monasterii Besuensis Ailardus res juris sui sitas in pago Atoariense, in loco qui dicitur Bustellus, vendit domino Alberico Lingonensi episcopo. Item in pago Atoariense, in villâ quæ dicitur Maiascus. Ibidem hæc in litteris donationum reperio : Campum qui est situs in pago Atoariorum, in villâ Auxiliaco, et habet terminationes, de unâ fronte Vincennam fluvium percurrentem. Ibidem : Isaac dedit monasterio Besuensi mansum unum, qui est in pago Atoariense, in villâ quæ dicitur Lucus-Medianus, et habet terminationes, de unâ fronte Tilam fluvium percurrentem, de aliâ stratam publicam. Item in pago Atoariorum, in villâ Novo-vico. Item in pago Atoariorum, in villâ quæ dicitur Pontus ; in pago Atoariorum, in loco qui dicitur Vivarius; in comitatu Atoariense, loco dicto Nova-villa. In litteris Joceranni episcopi Lingonensis datis anno MCXIX deserta cujusdam solitudinis in territorio Attoarensium juxta flumen Ararim posita memorantur, et ab eo dantur Resuæ circa villam Mentisam. Ex quibus intelligitur pagum illum Hattuariorum, vel comitatum Attuariorum jacuisse ad Vincennam et Tilam ac Ararim flumina. »

l'Ouche, dont il occupait tout le bassin, était aussi situé entièrement à l'ouest de la Saône. Il confinait au nord au comté des Attuariens et à celui d'Amaous. On peut le considérer comme une subdivision du comté de Dijon, dont il formait la partie orientale. Il touchait aussi à la Saône du côté de Saint-Jean de Losne (1). Un diplôme de Louis-le-Débonnaire énumère les comtés de Chalon, des Attuariens et de l'Ouche comme voisins les uns des autres (2).

Au sud du *pagus Oscarensis* se trouvait le *pagus Cabilonensis*, dont les limites orientales dépassaient à l'est la Saône. Ce n'est pas en effet cette rivière qui le séparait des comtés de Scoding et d'Amaous, comprenant les arrondissements actuels de Lons-le-Saunier et de Dôle, mais bien une ligne

___

(1) Adrien de Valois, *Notitia Galliarum*, verbo Oscara et pagus Oscarensis. « ..... Madelgaudus Oscarensium vice-comes in Chronico Benigniano memoratur, id est Vicecomes pagi Oscarensis incolarum, sive pagensium Oscarensium. Ibidem hæc legimus : Consistit ipsa hereditas in comitatu Oscarense super Sagonam fluvium atque Oscaram et Tillam. Arari ergo et Oscarâ ac Tillâ fluminibus pagus seu comitatus Oscarensis continebatur, a pago Divionensi distinctus. Eumdem in veteribus monumentis tabulisque Burgundiæ nunc pagum Oscarensem, nunc comitatum Uscarensem et pagum Uscarensem dictum reperio et proximum pago Atoariorum poni. In Uscarense et in Atoariis. — Pérard, *Chartes bourguignonnes*, p. 52. Donation à Saint-Etienne de Dijon, anno 884, « in pago Oscarensi, in fine Romigorum, in villâ Siliaco Utsæ-villæ vineam, ex alio fronte gutta decurrit. » — Idem, p. 19. Chartes de Charles-le-Chauve en faveur de l'église d'Autun, anno 859, « quamdam villam quæ vocatur Tiliniacus, cum omni suâ integritate et est sita in pago Oscharense super fluvium Sagonnam. » — Idem, p. 163. Extrait du chartrier de l'abbaye de Saint-Nazaire, anno 918 ou, selon l'indiction, 919, « villam Tillionacum sitam in comitatu Oscarensi supra fluvium Sagonnam. »

(2) Dom Bouquet, tome VI, p. 612. « Ex diplomato Ludovici Imperatoris pro Fulberto fideli suo anno 836 : «... quia concessimus ad proprium Fulberto fideli nostro quasdam res nostræ proprietatis quæ sunt in confinio Cavilo, Atoariense et centenâ Oscarinse, in loco cujus vocabulum est Aziriaca villa. »

arbitraire passant plus à l'est. Un passage de la chronique de Frédégaire semble, il est vrai, indiquer le contraire et prouver qu'au VI⁰ siècle la Saône divisait les diocèses de Chalon et de Besançon : « Gontran, dit-il, fit élever une église dans le faubourg de Chalon-sur-Saône, mais dans un endroit qui appartenait cependant au territoire séquanien » (1). Cette expression « le territoire séquanien » est une preuve de plus de la persistance de la tradition, fait observer M. Alfred Jacobs, et indique, en outre, que les gens du VII⁰ siècle regardaient comme identiques, en général, les anciens territoires des *civitates* et les diocèses alors existants; car quel intérêt y aurait-il eu pour Frédégaire à signaler ce fait d'une église et d'un monastère bâtis dans les faubourgs de Chalon et appartenant au territoire séquanien, si le mot territoire n'avait comporté ici pour lui cette singularité que Chalon appartenait à un diocèse et l'église de son faubourg à un autre? On sait en effet que Chalon avait été jadis un *castrum* du peuple éduen. Distraite depuis du vaste territoire de cette grande peuplade, cette ville avait possédé, dès le temps de Sidoine Apollinaire, un évêque particulier. Le diocèse de Chalon s'agrandit aux dépens du territoire séquanien durant le moyen âge, puisque d'après la *Topographie ecclésiastique de la France* par M. Desnoyers (*Annuaire de la Société de l'Histoire de France* pour 1853, p. 146), le canton de Louhans et plusieurs autres sur la rive gauche de la Saône formaient des archiprêtrés chalonnais. Mais, ajoute M. Alfred Jacobs, on peut induire du texte de Frédégaire que cet agrandissement n'avait pas encore eu lieu au temps de ce chroniqueur (2). En

(1) Frédégaire, *Chronique*, chap. I. « Ecclesiam B. Marcelli ubi ipse pretiosus requiescit in corpore in suburbano Cabillonensi, sed quidem tamen Sequanum est territorium mirifice et sollerter Guntchramnus ædificare jussit. »

(2) A. Jacobs, *Géographie* de Grégoire de Tours et de Frédégaire, tome II, p. 472.

outre, d'après la relation du martyre de S. Marcel, une des
portes de la ville de Chalon était appelée « Porte séquanaise » (1).

Cependant, même sur ce point, il ne faudrait pas considérer la Saône comme ayant été une limite absolue. C'est à
l'égard de cette partie de son cours qu'Adrien de Valois fait
remarquer que la Bresse chalonnaise, c'est-à-dire la partie
du diocèse de Chalon sise à l'est de la Saône, où se trouvait
le monastère de Saint-Marcel-lès-Chalon, avait toujours fait
partie du territoire éduen. « Personne, dit-il, n'ignore que
les peuples ne sont pas si exactement limités par les rivières,
que souvent ils ne s'étendent au-delà, comme j'ai eu l'occasion de l'observer au sujet des Andecaves, des Turones, des
Bituriges. Aussi, quoique la Saône ait été en général la ligne
de séparation des Eduens, toutefois, en ce qui concerne
Chalon, ils ont reporté leurs frontières au-delà de ce cours
d'eau » (2). Il est hors de doute en effet que la Bresse
chalonnaise a formé pendant la plus grande partie du moyen
âge un archidiaconé chalonnais. Dans un accord relatif à
l'abbaye de Baume, passé entre l'archevêque de Besançon et
l'abbaye de Cluny se trouve mentionné « *Bartholomœus de
Bosco Archidiaconus Brixiœ in Ecclesiâ Cabilonensi* » (3).
Cette Bresse chalonnaise, qui dépendait au point de vue
religieux du diocèse de Chalon, relevait, sous le rapport politique, du *comitatus Lugdunensis*. Dunod pense que c'est

(1) Adrien de Valois, *Notitia Galliarum*, verb. Sequani,

(2) Idem, verb. Brescia. « .... Quanquam malo dicere Brexiam
Cabillonensem cum Monasterio Sancti Marcelli in Æduis esse, cùm
diœceseos Cabillonensis finibus contineatur. Vix enim quisquam
ignorat, fines gentium non adeò exactè fluminibus terminari solere,
ut non eo sæpe transgrediantur, sicut alibi observare memini. Cui
rei indicio sunt Andicavi, Turones, Veliocasses, Caleti, Bituriges,
Vivisci aliique populi. Licet igitur Arar terminis fuerit Æduorum,
tamen quód ad Cabillonum pertinet, fines eorum ultra flumen
aliquâ ex parte patuerunt. »

(3) Adrien de Valois, *Notitia Galliarum*, verb. Brexia.

sous les rois bourguignons que le Lyonnais s'agrandit ainsi aux dépens de la Séquanie (1). Ainsi la localité appelé *Hubiliacus*, qui devint plus tard le village de Saint-Marcel-les-Chalon, est placée dans le *pagus Lugdunensis* par un titre de 885 (2). Il en est de même de Louhans (*Lovincum*), sur la Seille, à la jonction de plusieurs rivières (3), de Saint-Amour (4), et de beaucoup d'autres localités situées à l'est de la Saône (5). Il serait donc imprudent d'affirmer que cette rivière fût une ligne de démarcation constante aux IXe et Xe siècles entre les *pagi Cabillonensis et Scodingensis*.

Plus au sud, nous ne faisons aucune difficulté de reconnaître que la Saône séparait exactement le Mâconnais du pays des Dombes, comme le prouvent plusieurs textes rapportés par Adrien de Valois (6).

Ainsi ce n'est que dans son cours inférieur, qui ne comprend pas le quart de sa longueur totale, que cette rivière a pu être considérée comme une frontière naturelle, et sous ce point de vue, nous espérons démontrer qu'elle n'a jamais eu toute l'importance politique qu'on a voulu lui donner. Avant d'atteindre Mâcon et depuis sa source, les subdivisions administratives dites *pagi* et les subdivisions religieuses appelées *archidiaconés* sont enchevêtrées les unes dans les autres sur ses deux rives. Elle ne sépare pas même d'une manière absolue le diocèse de Besançon de ceux de Langres, Dijon et Chalon.

(1) *Histoire des Séquanais*, tome I, pp. 70 et 71.
(2) Perry, p. 33. *Description du duché de Bourgogne*, tome I, p. 379.
(3) Chifflet, *Histoire de Tournus*, p. 102.
(4) *Histoire des sires de Salins*, tome I, aux Preuves, p. 2.
(5) Désiré Monnier, *Annuaire du Jura*, 1866.
(6) Adrien de Valois, *Notitia Galliarum*, verbo Matisco. « Petrus Mauricius abbas Cluniacensis in libri II de Miraculis capite 1 : Est Matiscus in finibus Regni Francorum quod a Teutonicorum vel a Romanorum imperio Arar fluvius, a Lotharingiâ sumens initium et Rhodanus in mare Mediterraneum habens profluxum, disterminat. »

IV.— Démembrement de l'empire de Charlemagne. — Second et troisième royaume de Bourgogne. — Ducs et comtes de Bourgogne.

Si l'on examine attentivement les documents de la fin du IXe et du commencement du Xe siècle, la vérité de la thèse que nous soutenons apparaît d'une manière évidente. Jamais la Saône ne sert, dans ce long espace de temps, de limite entre les différents royaumes qui s'élevèrent alors dans cette région. Elle ne sépare pas même les possessions des grands feudataires dont l'autorité se manifeste alors, et les premiers ducs et comtes de Bourgogne ont indifféremment des terres sur les deux rives de ce cours d'eau.

En vertu du traité de Mersen (1), Charles-le-Chauve, roi de France, exerça des droits de suzeraineté sur le comté de Bourgogne, le comté d'outre-Saône, comme disent les historiens. Ainsi, en 875, il concéda à l'abbaye de Tournus le droit de commercer sur la Saône et le Doubs, avec dispense de tout droit de péage (2). Quelques années plus tard, en 879, lorsque Boson se fit proclamer roi de Bourgogne et d'Arles au château de Mantaille, nous voyons l'archevêque de Besançon assister à cette proclamation, ce qui semble indiquer que le pouvoir de ce prince s'étendit jusque dans le comté de Bourgogne (3). L'archevêque de Lyon prit part aussi à l'élection de Boson,

(1) Nous ne faisons ici qu'énumérer succinctement les diverses dominations politiques qui se succédèrent en Bourgogne cisjurane à la fin du IXe siècle ou au commencement du Xe. Nous nous réservons de leur consacrer plus tard une étude spéciale.

(2) Chifflet, *Hist. de Tournus,* p. 216.

(3) Adrien de Valois, *Notit. Gall.* verbo Burgundia.

dont le royaume, assez éphémère d'ailleurs, comprit les deux rives de la Saône. Au sacre de son fils Louis, dit l'Aveugle, en 890, on ne voit pas figurer l'archevêque de Besançon avec ceux de Lyon et d'Arles (1). Cependant deux titres publiés par Dunod (2) prouvent que ce prince exerça un certain pouvoir dans les contrées formant ce diocèse. Ce sont d'abord un diplôme en faveur de l'abbaye de Saint-Claude, dont la date n'a pu être fixée d'une manière précise, car la dernière partie du titre fait défaut ; puis une donation de 901 accordant à l'archevêque de Lyon le village de Morges « *in comitatu Scutiacinsi,* » c'est-à-dire dans le comté de Scoding.

Deux ans avant l'avénement de Louis l'Aveugle, en 888, Rodolphe de Stratlingen avait pris à l'abbaye d'Agaune le titre de roi de Bourgogne transjurane, avec l'assentiment d'un grand nombre de prélats et de hauts barons. Ce royaume, d'abord fort exigu, et ne comprenant que le pays sis entre le Jura et les Alpes Pennines, ne tarda pas à s'agrandir beaucoup à l'ouest. Ainsi, en 904, Rodolphe Ier accorda à l'abbaye de Gigny (canton de Beaufort, arrondissement de Lons-le-Saunier, département du Jura) de nombreuses possessions sises dans le comté de Scoding (3). Le Bugey passa bientôt aussi sous sa suzeraineté, d'après Adrien de Valois. Enfin, sous le second successeur de Rodolphe, son petit-fils Conrad-le-Pacifique, les limites du royaume de Bourgogne dépassèrent la Saône. Mathilde, fille de Louis d'Outre-Mer et sœur de Lothaire, roi de France, apporta en dot à Conrad-le-Pacifique le Lyonnais et le Mâconnais (4). De nombreux diplômes de ce prince et de son successeur montrent clairement que le royaume de Bour-

(1) Adrien de Valois, *Notit. Gall.* verbo Burgundia.

(2) Dunod, *Histoire du comté de Bourgogne,* tome I, p. 68, aux Preuves, et tome II, p. 97. — *Histoire des Bourguignons,* tome I, p. 295.

(3) *Encyclopédie,* art. *Scoding.*

(4) Adrien de Valois, loc. citat. Chronique de Saint-Bénigne de Dijon.

gogne s'étendit bien au-delà de la Saône. Ainsi, en 997, Rodolphe III le Fainéant confirme, en faveur de l'abbaye de Cluny, la donation de domaines sis dans le Mâconnais « *in comitatu Matiscensi* » (1). En même temps la souveraineté de ces monarques sur la partie méridionale du comté de Bourgogne devient incontestable. On voit en effet Conrad accorder à l'abbaye de Saint-Etienne de Besançon le village de Pouilley, voisin de cette métropole (2), et Rodolphe III confirmer des donations faites antérieurement à l'église Saint-Anatoile de Salins (3). En même temps, presque toutes les chartes de cette époque sont, dans ces régions, datées d'après les années du règne de ces princes (4).

Toutefois ce serait grandement se tromper que de croire que les rois Rodolphiens aient exercé seuls l'autorité souveraine dans ces contrées. Le pouvoir des rois de France et celui des empereurs d'Allemagne y étaient aussi reconnus. Nous avons déjà vu Charles-le-Chauve accorder à l'abbaye de Tournus le droit de navigation sur le Doubs. En 915, c'est un de ses successeurs, Charles-le-Simple, qui donne au comte Hugues la ville de Poligny et de nombreuses possessions dans le comté de Warasque, c'est-à-dire au-delà de la Saône, par rapport à la France (5). En 940, Louis d'Outre-Mer, fils de Charles-le-Simple, à la prière du comte Hugues, donne

(1) Adrien de Valois, verb. Burgundia.

(2) Dunod, *Hist. du comté de Bourgogne*, tome II, p. 594. Titre de 967.

(3) Diplôme, dont l'original est à la cure de Saint-Anatoile, publié par M. Dés. Monnier, *Ann.* de 1860. Il est daté de 1029.

(4) Diplôme de Létalde de 951 (*Conrado rege anno XII*), dans Dunod, tome II, p. 594. Echanges entre les abbayes de Cluny et de Luxeuil de terres sises dans le Mâconnais (Archives de la Haute-Saône, H. 731). Quelques-unes de ces pièces sont datées du règne de Conrad, d'autres de celui de Lothaire, roi de France, ce qui montre clairement combien la suzeraineté du comté de Bourgogne était incertaine.

(5) Duchesne, *Hist. de Vergy*, édit. de 1625, p. 58.

à Adalard et à son épouse Addila les abbayes d'Enfonvelle et de
Faverney, l'une en deçà, l'autre au-delà de la Saône (1).
Nous ne citerons pas le diplôme attribué à Lothaire, successeur de Louis d'Outre-Mer, accordant à l'abbaye de Lure
les églises de Roye (Haute-Saône, canton de Lure), de Ta-
vey (id., canton d'Héricourt) et de Dambenoît (Doubs, canton
de Montbéliard), toutes situées au-delà de la Saône. Cet acte
nous paraît fort suspect, quoique M. Duvernoy l'ait considéré
comme authentique. Les copies qui en ont été faites au dernier siècle lui assignent pour date 880. Or, à cette époque
aucun prince du nom de Lothaire ne régnait dans l'est de la
Gaule. Si l'on admet, puisque le titre original a disparu,
qu'il y ait eu dans les transcriptions une faute de copiste
et qu'il faille lire 980 pour 880, la date ne correspond plus
avec l'indiction énoncée. D'ailleurs ce diplôme manque de
préambule et sa rédaction est tout à fait en dehors des
règles de la chancellerie des derniers Carlovingiens (2). Quoi
qu'il en soit, tout en écartant ce diplôme, il n'en reste pas
moins trois actes authentiques qui prouvent que les rois de
France ont exercé à la fin du IXe et dans le cours du
Xe siècle leur autorité au-delà de la Saône, aussi bien vers le
cours inférieur que vers le cour supérieur de cette rivière.

Quant aux empereurs et aux rois de Germanie, ce n'est que
sur cette région du comté de Bourgogne qui confine à
l'Alsace et qui a formé pendant tout le moyen âge la princi-
pauté de Lure, qu'on les voit dominer au Xe siècle. En 959,
Othon Ier le Grand, qu'on peut considérer comme le véritable
fondateur de l'empire d'Allemagne, accorda à l'abbé Baltramne
et à ses compagnons retirés dans un lieu appelé Lanesberg,
situé probablement en Alsace, le droit de s'établir à Lure

---

(1) Archives de la Haute-Saône. Cartulaire de Faverney. Voir
notre Notice sur ce diplôme et sur celui d'Othon Ier.
(2) Archives de la Haute-Saône. H. 667. — Lunigius, tome V.
Cont. I, p. 961. — Duvernoy, *Notes sur Gollut*, p. 1793.

(*Lutheraa*), d'où leurs prédécesseurs avaient été chassés par Valdrade, la concubine de Lothaire II (1). En 1016, Henri II le Saint confirma cet établissement, dont les priviléges furent reconnus par presque tous les souverains allemands.

Enfin les archives du Jura conservent un diplôme de Hugues, roi de Provence, confirmant, en 943, à l'abbé Gypperius les priviléges et possessions de l'abbaye de Saint-Claude (2).

Ainsi on ne peut mettre en doute que les rois de Bourgogne transjurane et cisjurane, ceux du royaume dit d'Arles, les rois de France, les empereurs d'Allemagne, les rois de Provence n'aient presque simultanément exercé leurs droits de suzeraineté sur le comté de Bourgogne de la fin du IX⁰ au commencement du XI⁰ siècle. Il est certain aussi que la Saône, au milieu de l'incertitude qui régnait dans ces régions sur l'étendue respective des royaumes formés par suite du démembrement de l'empire de Charlemagne, ne fut pas considérée comme une véritable frontière. Les titres que nous venons d'analyser le démontrent surabondamment, ce nous semble.

Voilà, pour la souveraineté royale, pouvoir plus nominal que réel. Il nous reste à examiner comment se développa sur les deux rives de la Saône l'autorité des grands feudataires, possesseurs des anciens domaines du fisc, devenus des bénéfices héréditaires, et à ce titre les véritables maîtres du pays.

Bien des hypothèses ont été formulées sur l'origine des premiers comtes de Bourgogne. Etaient-ils bénéficiaires ou propriétaires ? Relevaient-ils de la suzeraineté des rois de France, ou de celle des rois d'Arles ou des empereurs d'Allemagne ? Les diplômes que nous venons de rapporter permettent presque d'adopter séparément chacune de ces

(1) Archives de la Haute-Saône. Fonds de l'abbaye de Lure. H. 661.

(2) Archives du Jura. Fonds de l'abbaye de Saint-Claude.

solutions. D'après Dunod, le comté de Bourgogne fut compris, sous la race carlovingienne, dans le partage de l'empereur Lothaire, après la mort duquel il revint à Charles-le-Chauve ; puis les rois de Provence et ceux de la Bourgogne transjurane l'auraient enlevé aux successeurs de Charles, et y auraient établi des comtes, dont l'un appelé archi-comte, était supérieur à quatre autres qui tenaient sous lui les comtés de Warasque, de Scoding, de Port et d'Amaous. Dom Plancher, dans son *Histoire du duché de Bourgogne*, pense au contraire que la Bourgogne supérieure, située en deçà du Jura, ne fit jamais partie ni du royaume de Provence, ni de celui de la Bourgogne transjurane. Selon cet historien, la Haute-Bourgogne cisjurane, après être demeurée unie au royaume de Lorraine jusqu'à la mort de Louis IV, dernier roi de Germanie du sang de Charlemagne, serait revenue par droit de succession, l'an 912, à Charles-le-Simple, roi de France, et aurait été incorporée à cette monarchie. Ce fut alors, dit-il, qu'on vit des comtes de Bourgogne, et qu'on appela Comté cette partie de la Bourgogne supérieure située en deçà du Jura. Dom Plancher admet aussi que les premiers comtes ont possédé leur gouvernement en propriété. Au contraire, selon Dunod, comme les ducs de Bourgogne, ils furent d'abord bénéficiaires ou amovibles, et devinrent ensuite propriétaires.

Si, comme le fait remarquer le savant auteur de l'*Art de vérifier les dates* (1), il est impossible de se prononcer entre ces diverses hypothèses que semblent tour à tour corroborer les titres du X° siècle, il ressort d'une manière évidente de cette incertitude de souveraineté que le pouvoir des ducs et des comtes de Bourgogne était presque régalien. C'est sans doute pour assurer leur indépendance que ces feudataires prêtaient presque en même temps hommage aux rois de

______

(1) *Art de vérifier les dates*, pp. 665 et suiv.

France, à ceux de Provence et de Bourgogne transjurane et aux empereurs d'Allemagne (1).

On comprend donc tout l'intérêt que présente l'étude du rôle joué par la Saône à cette époque, comme limite entre les possessions des ducs et celles des comtes de Bourgogne, les représentants vraiment nationaux de l'autorité politique dans ces pays. Or il est à remarquer que pendant plus de deux siècles les ducs sont en même temps comtes de Bourgogne, ou que ces derniers ont des prétentions sur le duché, et qu'en tous cas ils possèdent d'immenses domaines au-delà de la Saône.

Le premier comte de Bourgogne fut Hugues, dit le Noir, fils de Richard-le-Justicier, duc de Bourgogne. En 915, Hugues, déjà comte de Mâcon, est qualifié comte de Bourgogne du vivant de son père. A cette date, il reconnaissait pour souverain le roi de France Charles-le-Simple, puisque, comme nous l'avons déjà vu, ce monarque lui accorda la ville de Poligny avec quarante meix, tous situés, ainsi que cette ville, dans le comté de Warasque. D'après la chronique de Saint-Bénigne de Dijon, Boson, son frère, eut aussi part au gouvernement du comté de Bourgogne, mais probablement sous la dépendance de Hugues (2). Ce dernier, en effet, qui ne mourut qu'en 952, est appelé archi-comte dans une charte de Conrad-le-Pacifique, datée de la douzième année de son règne, c'est-à-dire de 949. En 940, il avait reconnu Conrad pour son suzerain, lorsque le parti de ce prince eut prévalu sur celui du roi Louis d'Outre-Mer. Son père Richard, en mourant en 921, avait laissé la Basse-Bourgogne, ou le duché, à son gendre Gesilbert, fils de Manassès-le-Vieux,

----

(1) En 893, la chronique de Saint-Bénigne de Dijon qualifie de royaume le pouvoir que Boson, frère de Raoul, roi de France, exerça dans la Bourgogne supérieure : « Alter filius (Richardi) vocatus est Boso, qui Burgundiæ superioris, quæ Gallia comata dicitur, accepit regnum. » p. 421.

(2) Chronique de Saint-Bénigne de Dijon, pp. 423 et suiv.

comte de Dijon. En 938, Hugues-le-Noir revendiqua le duché
de Bourgogne et son beau-frère dut lui en abandonner une
partie. Hugues-le-Noir fut donc, de 938 jusqu'en 952, époque
de sa mort, à la fois comte et en partie duc de Bourgogne,
comme l'avait été selon toute probabilité son père Richard,
Lorsqu'il mourut, ce fut Gesilbert qui lui succéda dans le
comté de Bourgogne, tout en gardant la plus grande partie du
duché. Mabillon le qualifie « *princeps et dux Burgundiœ
Jurensis*, » d'après une vieille chronique. Cette expression
fait bien comprendre la nature de sa double autorité sur les
deux Bourgognes.

A Gesilbert, mort sans héritiers directs, succéda dans le
comté, en 956, Létalde Ier, son beau-frère. Le duché revint
en totalité à Otton, fils de Hugues-le-Blanc, qui, de 938 à
956, en avait partagé le gouvernement avec Hugues-le-
Noir et Gesilbert. Mais ce serait une erreur de croire que
Létalde ne possédât pas de terres au-delà de la Saône. On
sait que de son père Albéric de Narbonne, il tenait le comté
de Mâcon. Déjà en 951, du vivant de Gesilbert, il était pro-
priétaire de la partie centrale du comté de Bourgogne comprenant Besançon et ses environs, selon Dunod ; c'est pour
ce motif que dans une charte de cette année il prend la
suscription suivante : « *Ego Letaldus cœterorum comitum
nobilissimus.* »

Il est probable qu'il reconnaissait Conrad pour son légitime
souverain, puisque ce titre est daté de l'année du règne de
ce prince (1). Quelque temps auparavant, le 28 mars 944, on
le voit assister au plaid tenu par Hugues de Provence, vice-roi
des provinces situées entre le mont Jura et l'Auvergne, avec
Charles-Constantin, comte de Viennois, et Guillaume II,
comte du Lyonnais (2). A cette époque, il était déjà comte

____

(1) Dunod, *Histoire du comté de Bourgogne*, tome II, p. 594.
(2) M. de la Teyssonnière, *Recherches historiques sur le département de l'Ain*, tome II, p. 18.

de Scoding, comme l'avait été son père Albéric, qui avait donné à l'église Saint-Vincent de Mâcon le village de Sagy, sis dans ce pagus (*Satgiacum in pago Scodingensi*) (1), et qui avait reçu de l'abbaye d'Agaune l'inféodation de nombreux biens situés dans le Scoding et le Warasque, entre autres Salins et ses sauneries (2). Létalde est encore qualifié comte de Bourgogne, selon l'*Art de vérifier les dates*, par Flodoard, par le roi Lothaire dans une charte, et par une bulle du pape Calixte II, en 1120. Le cartulaire de Saint-Vincent de Mâcon l'appelle comte impérial. On en a conclu qu'il relevait de l'Empire d'Allemagne pour le comté de la Haute-Bourgogne. Quant à nous, nous pensons qu'il ne faut pas attacher une importance politique à ce titre qui n'était, selon toute apparence, que purement honorifique et n'avait pour but que de montrer la supériorité de Létalde sur les autres comtes, comme l'expression « *cœterorum comitum nobilissimus* » que nous avons déjà rapportée. D'ailleurs, nous avons vu qu'il datait ses chartes de l'année du règne de Conrad, roi d'Arles, et en 967, c'est par ce prince qu'il fit confirmer la donation qu'il avait accordée en 951 à l'église Saint-Etienne de Besançon (3). C'est là une preuve irréfutable qu'il reconnaissait ce monarque pour souverain de la Bourgogne supérieure.

Les successeurs immédiats de Létalde, son fils Albéric (968-975) et son petit-fils Létalde II (975-983), possédèrent à la fois le comté de Bourgogne et celui de Mâcon. Ainsi, sur les cinq premiers comtés, deux furent en même temps ducs de Bourgogne, Hugues-le-Noir et Gesilbert, et trois eurent le comté de Mâcon. Comment pourrait-on soutenir que la Saône fût alors une frontière séparant des pays de nationalités différentes, quand on voit les grands feudataires se

(1) *Histoire des sires de Salins*, tome I, p. 4, aux Preuves.
(2) Idem, p. 6, aux Preuves. ·
(3) Dunod, *Histoire du comté de Bourgogne*, tome II, p. 594.

créer de véritables principautés à cheval sur cette rivière?
Quant à la suzeraineté de ces pays, nous avons montré combien elle était incertaine. On n'invoquait le pouvoir d'un
monarque que pour se soustraire à celui d'un autre et assurer ainsi son indépendance.

C'est surtout en l'illustre comte Otte-Guillaume que s'est
personnifiée cette politique. Aussi le chroniqueur Ditmar a
pu dire de lui : « *miles est regionis nomine, sed re dominus
terræ* » (1). Fils d'Adalbert, roi de Lombardie, et de Gerberge, fille d'Eudes de Vermandois, comte de Vienne, et de
Béatrix, et petite-fille par sa mère de Létalde Ier et d'Ermen-
garde, sœur de Gesilbert comte de Bourgogne, il hérita du
comté de Bourgogne après la mort du fils de Létalde II, par
le droit de sa mère, dit l'*Art de vérifier les dates*, et non par
droit de conquête. Il fut aussi comte de Mâcon, comme le
prouve une charte d'un de ses descendants au profit de
l'abbaye de Cluny (1117 à 1125), dans laquelle Otton, comte
de Mâcon, parle de son père Guy ou Widon, de son aïeul
Otton-Guillaume, et de son trisaïeul (*atavus*) Létalde (2).
Gerberge avait épousé en deuxièmes noces Henri-le-Grand,
duc de Bourgogne, à la cour duquel Otte-Guillaume fut élevé.
Henri le trouva si digne de son amitié qu'il l'adopta pour son
fils et le fit comte de Nevers. Henri-le-Grand étant mort l'an
1002 sans enfants, Otte-Guillaume prétendit lui succéder dans
le duché de Bourgogne en vertu de cette adoption. Mais le
roi de France Robert II revendiqua aussi le duché, et dans
la guerre qui eut lieu et qui dura douze ans, avec des alter-
natives d'acharnement et de mollesse, Otte-Guillaume fut
puissamment appuyé par son beau-frère Brunon, évêque de
Langres, par Landri, son gendre, comte de Nevers, et par un
grand nombre de seigneurs du duché. A la fin pourtant,
Robert, qui ravagea plusieurs fois la Bourgogne, s'empara de

(1) Ditmar, lib. VII.
(2) Gollut. Note de M. Duvernoy, p. 1801.

Provins, Auxerre, Avallon, Dijon, et pénétra même jusque dans le comté. Otte-Guillaume déploya dans cette lutte une énergie qui fit dire à Raoul Glaber qu'il n'avait pas son égal en courage et en science militaire. Mais il fut à la fin obligé de demander la paix. Il l'obtint assez avantageuse, car il conserva le comté de Dijon et le titre de duc de Bourgogne sa vie durant. Quant au comté de Mâcon, il le garda en toute propriété transmissible à ses héritiers. Gollut rapporte (page 380) que « M. Choppin, grand et très-docte personnage, dict que, par accord, le roy laissat le comté de Bourgogne à Otte-Guillaume, » mais cela ne peut être, ajoute-t-il, « parce que ci-dessus nous havons monstré que les rois de Bourgougne et non les rois de France qui ne passoient la Saône, Seine, ny le Rhosne, seigneurioient le comté, joinct que desjà avant cette guerre Otte-Guillaume en avoit la possession. » Sans nous prononcer entre ces deux opinions, nous ferons remarquer que les rois de France Charles-le-Simple, Louis d'Outre-Mer et peut-être Lothaire avaient aussi « seigneurié » le comté, comme dit Gollut, et qu'il n'y a rien d'impossible à ce que Robert, après une guerre heureuse, ait voulu exercer un droit dont ses prédécesseurs avaient joui et qui n'était, d'ailleurs, négligé que depuis cinquante ans.

Le comté de Bourgogne était donc censé relever du roi d'Arles Rodolphe III, dit le *Fainéant* (*Ignavus* dans les chroniques latines), qui confirmait, il est vrai, comme nous l'avons vu, plusieurs donations en faveur de différentes églises de cette province. Mais ce pouvoir n'était que nominal. Quoi qu'il en soit, Rodolphe n'ayant pas d'héritiers directs, résolut d'assurer à son neveu l'empereur d'Allemagne, Henri II le Saint, fils de sa sœur Gisèle, la succession au royaume de Bourgogne. Une entrevue eut lieu entre les deux monarques à Strasbourg en l'année 1016, à la suite de laquelle Henri dut recevoir le serment des vassaux et celui des principales villes. Il se présenta dans ce but à Bâle, mais les habitants lui en fermèrent les portes. Otte-Guillaume, délivré en ce moment de la guerre qu'il avait eue à soutenir contre le roi Robert, se mit à la tête des nombreux mécontents qui redoutaient, comme lui, d'avoir dans l'empereur d'Allemagne un suzerain trop puissant (1). Il représentait bien avec eux l'élément national et cet esprit d'indépendance, qui vaudra plus tard à notre pays le nom de Franche-Comté, en lutte contre le pouvoir étranger qui voulait s'implanter dans la province. Aussi nous nous étonnons que M. Duvernoy l'ait accusé d'avoir voulu conserver par l'intrigue et la révolte la puissance qu'il s'était acquise, quand, au contraire, l'histoire lui doit son admiration pour le patriotisme et l'énergie qu'il déploya dans cette circonstance.

Otte-Guillaume et ses alliés obtinrent d'abord quelque succès, mais l'armée impériale finit par les écraser entre Nyon et Genève. M. Duvernoy pense qu'il vint alors faire sa soumission avec les autres seigneurs comtois à la diète de Mayence en 1018; il appuie cette assertion sur une charte d'Otte en faveur du monastère de Saint-Balin, datée de Port-sur-Saône le 1er novembre 1019, « *imperante Henrico augusto.* » En fait, nous croyons qu'il resta toujours, comme dit Ditmar, le véritable maître du pays situé entre les monts de la Côte-d'Or et le Jura.

A la diète de Mayence, Rodolphe III avait renouvelé en présence de sa femme, de ses plus proches parents et des grands du royaume, ses engagements, en déposant même

(1) Ditmar est le chroniqueur qui, avec Otton de Flessingue et Raoul Glaber, raconte ces événements avec le plus de détails. Il dit, dans son livre VII : « Willelmus comes, ne illius potestas in hâc regione minueretur, consilio et actu imperatoriæ majestati reluctavit. »

entre les mains de Henri les insignes royaux. Mais en 1024, lorsque mourut l'empereur, il se crut, par cet événement, complétement dégagé de ses promesses, n'ayant pas, prétendait-il, cédé son royaume à l'empereur d'Allemagne, mais à Henri II personnellement. Conrad-le-Salique, successeur de ce dernier et neveu de Rodolphe III par sa femme Gisèle, ne voulut pas abandonner les droits que l'Empire avait, selon lui, sur le royaume d'Arles, droits qualifiés de très-justes par M. Duvernoy. Nous croyons au contraire que Rodolphe, qui n'avait entendu céder son royaume qu'à Henri, avait bien le droit de revenir sur cette donation après le décès de ce prince. Conrad s'empara de Bâle et battit Eudes de Champagne, qui prétendait aussi à la couronne de Bourgogne. Rodolphe, à qui s'étaient réunis les principaux seigneurs du comté de Vienne, du Lyonnais et du comté de Bourgogne, s'avança pourtant à la rencontre de son neveu, et les deux armées allaient en venir aux mains quand Gisèle obtint de son oncle que la donation précédente aurait, à la mort de Rodolphe, son plein effet en faveur de Conrad et de ses héritiers (1027).

Il est probable, quoique les textes contemporains et les chroniques gardent le silence à cet égard, qu'Otte-Guillaume prit dans cette lutte le parti de Rodolphe, dont la débonnaire suzeraineté était bien faite pour assurer son indépendance. D'ailleurs il n'en vit pas la fin, car il mourut aussi en 1027, le 21 septembre, à Dijon, sa résidence habituelle. Son corps fut inhumé dans l'église Saint-Bénigne de la même ville. Son épitaphe indique qu'il fut en même temps duc et comte de Bourgogne : « *Qui ducis et comitis gemino ditatus.* »

Son fils Renaud avait été déjà fait comte de Bourgogne en 1014 ; mais du vivant de son père, il n'en eut en quelque sorte que le titre, Otte-Guillaume se réservant le gouvernement et la suprême direction des affaires. En 1027, on le voit hériter non-seulement des terres du comté de

Bourgogne, mais encore de celles dites d'Outre-Saône, qu'il
partagea avec son frère Otton. Par ces terres d'Outre-Saône,
il faut entendre non le comté de Dijon, qui revint à la couronne de France en vertu du traité fait avec Robert-le-Pieux,
mais, selon Dunod, la vicomté d'Auxonne et le Mâconnais. La
Saône ne limita donc pas les possessions de ce comté, comme
elle n'avait pas limité celles de son père. Renaud suivit
d'ailleurs les traditions de la politique paternelle, et si la
suzeraineté germanique finit par s'implanter dans ces régions,
ce ne fut pas sans une énergique résistance de sa part.
Ainsi, en 1032, Rodolphe III étant mort, Conrad-le-Salique,
en vertu des conventions de Bâle, voulut se faire proclamer
roi de Provence, de Bourgogne et d'Arles. Eudes-le-Champe-
nois, soutenu par Renaud, lui disputa la couronne. Pourtant,
dès 1033, l'empereur les contraignit à lui demander la paix.
Une nouvelle prise d'armes, en 1037, ne fut pas plus heureuse
et le Champenois y trouva la mort. En 1038, Conrad, afin de
mieux assurer à son fils Henri la transmission de cette couronne si disputée, le fit proclamer roi de Bourgogne en sa
présence, à Soleure. Le comte Renaud, convoqué à cette
cérémonie pour y rendre l'hommage de ses terres, refusa d'y
assister, prétendant, comme il l'avait fait sous Conrad, ne
relever que de Dieu et de son épée. En 1043 il soutint la
même chose, en présence de Henri lui-même, à Besançon, où
ce prince était venu épouser Agnès de Poitiers, nièce du
comte. L'année suivante, Henri prit les armes pour le réduire
et chargea de la conduite de cette guerre le comte de Montbéliard. Beaucoup de seigneurs se joignirent à Renaud pour
résister à la domination étrangère, entre autres Gérard, comte
de Vienne, son parent, qui lui amena des renforts avec
lesquels ils allèrent ensemble assiéger Montbéliard. Mais ils
furent complétement battus sous les murs de cette ville et
Renaud, pour conserver son comté et en attendant des temps
meilleurs, dut prendre le pénible parti de la soumission. En

1045, il se rendit à Soleure pour faire hommage de ses terres à l'empereur Henri III.

Telle est la première reconnaissance officielle et indiscutable de la suzeraineté germanique sur le comté de Bourgogne. Comment a-t-elle été amenée ? Il nous semble que le récit des événements que nous venons d'exposer prouve surabondamment qu'elle a eu pour cause directe la force et non le droit. N'était-ce pas dans les comtes de Bourgogne, Otte-Guillaume et Renaud, que se personnifiaient vraiment les sentiments d'indépendance du pays, et nous sommes persuadé qu'en résistant à l'autorité germanique, ils écoutaient les suggestions de l'intérêt personnel, mais aussi, peut-être d'une manière très-inconsciente, les aspirations de leurs vassaux immédiats et même de leurs vilains, qui ne pouvaient voir sans gémir le comté de Bourgogne se détacher de l'antique Gaule.

Ainsi ce sont les armes seules qui ont assuré à cette époque le succès des prétentions des empereurs d'Allemagne. Encore ces prétentions ne se sont pas manifestées. dès le principe dans toute leur brutalité germanique ; c'eût été heurter trop de front les sentiments des hauts barons et des prélats, qui constituaient alors ce que nous appelons l'opinion publique. Ce fut comme roi d'Arles, et non comme empereur, qu'Henri III parvint à faire accepter sa suzeraineté. Ses prédécesseurs, Henri II et Conrad-le-Salique, pour n'avoir pas su trouver cette formule diplomatique, n'avaient pas été aussi heureux. Ce fait est attesté par de nombreux diplômes dans lesquels Henri III et ses successeurs Henri IV et Henri V distinguent soigneusement l'an de leur empire de l'année de leur règne en Bourgogne. Gollut en donne plusieurs exemples (page 372). Nous nous contenterons de citer une charte de Hugues Ier, archevêque de Besançon, confirmant les priviléges et immunités de l'église de Lure (1). La date en est ainsi

(1) Archives de la Haute-Saône. H. 661. Fonds de l'abbaye de Lure.

énoncée : *Anno dominice incarnationis millesimo quadragesimo primo, indictione nona, Acta bisontio publice in sancta synodo VI feria idus novembris. Regnante Rege Heinrico II Anno quarto; presulatûs vero domini hugonis decimo.* Les différentes dates exprimées concordent bien, et la neuvième indiction correspond en effet à l'année 1041. Le titre a d'ailleurs tous les caractères extrinsèques et intrinsèques d'authenticité. Il est donc remarquable que l'empereur Henri III, qui avait succédé en 1039 à son père Conrad-le-Salique, soit qualifié seulement de roi, d'Henri II, et que l'année de son règne soit la quatrième au lieu de la troisième. C'est qu'il n'est considéré ici que comme roi d'Arles et que l'année du règne est comptée depuis son couronnement en cette qualité en 1038. A ce titre il ne pouvait pas être non plus Henri III, mais seulement Henri II, car l'empereur Henri II le Saint avait un instant gouverné le royaume de Bourgogne après la première abdication de Rodolphe et pouvait être considéré comme Henri, premier du nom, roi de Bourgogne.

L'énoncé de cette date nous semble présenter non-seulement une curiosité chronologique, mais renfermer aussi une portée politique. Le synode de Besançon, en datant un titre important non de l'avénement de son souverain officiel au trône impérial, mais de celle de sa proclamation comme roi d'Arles, voulait sans aucun doute affirmer que c'était ce titre seul qu'il reconnaissait. C'est une preuve, en outre, qu'à cette époque les provinces qui avaient composé le royaume des rois rodolphiens prétendaient toujours conserver une certaine indépendance nationale et n'être pas assimilées complétement aux terres de l'Empire d'Allemagne.

Quelles furent donc au juste la nature et l'étendue de ce droit de suzeraineté sur l'ancien royaume d'Arles que la force plutôt que la cession de Rodolphe III avait donné aux empereurs? Nous avons vu le peu de pouvoir réel qu'avait le dernier roi de Bourgogne dans ses Etats. Aussi Adrien de Valois a conclu de cette faiblesse que le royaume d'Arles avec ses trente-six cités ou siéges épiscopaux était « une œuvre des écrivains allemands, fausse, imaginaire, chimérique. » Il fait remarquer que Gunther (lib. V) prétend que jusqu'à la mort de Rodolphe, le royaume de Bourgogne s'est étendu de Bâle aux bouches du Rhône et qu'il eut pour capitale Arles ; mais il ne lui attribue toutefois que quatre métropoles : *Chrysopolis*, c'est-à-dire Besançon, Lyon, Vienne et Arles. Il en conclut que le royaume d'Arles n'a jamais été bien connu des écrivains allemands ; que les empereurs et les rois de Germanie le revendiquèrent sans aucun droit, mais que la plus grande partie leur en échappa, et qu'ils n'obtinrent sur le Dauphiné et la Provence que le vain titre d'Empire donné à ces terres (*inas:e nomen imperii in Dalfinatu Provinciaque reliquerunt*) (1).

On peut dire, en effet, que dans ces deux provinces la suzeraineté des empereurs d'Allemagne ne fut jamais officiellement reconnue et ne s'affirma même que par une série de protestations diplomatiques. Afin d'avoir des secours des empereurs, les comtes de Savoie et les dauphins de Viennois « s'advouèrent » quelquefois à l'Empire ; mais ces reconnaissances passagères n'entraînèrent aucun résultat politique sérieux, car on ne peut estimer pour tel le titre de terres « d'Empire, » donné d'ailleurs assez improprement à ces contrées qui faisaient partie du royaume d'Arles et non de l'Empire.

En fut-il de même pour le comté de Bourgogne ? Gollut le pense. Selon lui, le choix que fit Rodolphe pour son successeur non de l'empereur, mais d'un « jeune seigneur en son particulier et pour ses successeurs, encor qu'ilz ne seroient empereurs, » montre bien qu'il entendait que son royaume

(1) Adrien de Valois, *Notice des Gaules*, verbo Burgundia.

restât distinct du patrimoine impérial. D'ailleurs ; chartes qu'il cite prouvent aussi, par l'énoncé de la date, qu'Henri III fit cette distinction ; « autrement, dit-il, si la Bourgogne heut estée de même nature et heut estée meslée comme pour un mesme corps, ne l'heut-on distinguée tout particulièrement ? Frustatoirement donc les historiographes allemands et les empereurs hont prétendu que la Bourgogne leur appartenoit, encor que je sçache que ce qui est deça la Saône et le Rhône, au dessoubs de la Bresse, est communément appellé Empire ; mais cela est advenu pour autant que les ducs de Savoie, dauphins de Vienois et autres, pour estre deffendus en leurs principautés, s'advouoient de l'Empire. Ce que les comtes de Bourgougne ne voulurent faire après le décez des princes venus de cest Henry, ainsy que nous dirons en la vie de Régnauld second ; et touttefois par ignorance des droits de la Comté l'on dict que l'on ha faict une ou deux reprises ; ce que ne pourroit estre autre chose qu'un faux adveu non préjudiciable à la postérité » (1).

Nous partageons plus volontiers l'opinion de notre vieil historien que celle de M. Duvernoy, grand partisan de la suzeraineté germanique. Ce n'est pas que nous ne reconnaissions que les comtes de Bourgogne ne se soient soumis à l'autorité impériale quand le sort des armes les eut trahis dans leurs tentatives pour défendre l'indépendance du pays. Otte-Guillaume et son fils Renaud Ier furent obligés, comme nous l'avons vu, de faire leur soumission. Mais aussi il ne saurait être douteux que ce fut aux rois d'Arles et non aux empereurs qu'ils entendaient prêter serment de fidélité. M. Duvernoy, qui reconnaît pourtant que ces derniers distinguaient parfaitement dans leurs diplômes l'année de leur avénement à l'Empire de celle de leur règne en Bourgogne, semble croire pourtant que c'était à l'autorité impériale elle-même et non

(1) Gollut, p. 372.

à la simple suzeraineté royale qu'était assujetti le comté. Les titres que nous avons produits démontrent manifestement le contraire. Il est vrai que les successeurs de Renaud Ier, son fils Guillaume-le-Grand, puis Renaud II et Guillaume dit l'Allemand, reconnurent sans difficulté et sans protestation le pouvoir des empereurs Henri IV et Henri V ; mais c'est que ceux-ci étaient les héritiers directs d'Henri III et par conséquent les successeurs réguliers des rois d'Arles, en vertu de la donation de Rodolphe. Aussi, lors de l'extinction de la dynastie franconienne, quand Lothaire II monta sur le trône impérial en 1127, le comte Renaud III lui refusa péremptoirement l'hommage. D'après Gollut (1), « il fut tant hardy qu'il osa bien se porter et se nommer roy de Bourgougne, pour raison de quoy il choisit un connestable ou maistre de la gendarmerie. » Puis, « disputant par ambassadeur ou guerroyant avec ses soldats, Regnauld disoit qu'il estoit plus prochain parent, habile à succéder, comme estant oncle du dernier comte ; et que, en Gaule, où le comté est assis, les seigneuries sont d'autres conditions que celles de l'Empire, car en Bourgougne, le prochain parent succède ; et en Allemagne, l'empereur est seigneur qui distribue la succession comme bon luy semble. En oultre, il disoit que l'empereur n'havoit droit de fief ny souveraineté sur la coronne de Bourgougne ; car depuis la translation de l'Empire hors des Gaules, les Bourgougnons comtois avoient estez peuples séparés et tenus dehors des obéissances de France et d'Allemagne, et qu'ils havoient tousjours heu princes souverains, voire sans considération autre que ladicte coronne. Et au surplus, il disoit que les rois derniers, Henry premier, second et troisième, n'havoient tenu le royaume à cause de leurs empires, mais comme héritiers testamentaires, voire comme plus prochains habiles à succéder à Raoul, dernier roy de Bourgougne. »

(1) Gollut, pp. 461 et 462.

Les raisonnements que Gollut prête à Renaud III nous
paraissent d'une logique irréprochable, et, plus heureux que
ses prédécesseurs, ce comte put les appuyer par la force des
armes, car alors, encore plus que de nos jours, c'était la force
qui primait le droit. C'est en vain que la diète de Spire
dépouilla Renaud de ses vastes Etats qui s'étendaient de
Bâle à l'Isère et comprenaient Besançon, Lyon et Vienne,
et que Lothaire II en donna l'investiture à Conrad, duc
de Zæhringen, avec le titre de recteur impérial en Bourgogne ; jamais ce dernier ne put se mettre en possession
des terres ainsi concédées. Renaud III sut, en effet, les
défendre contre toutes les attaques de son compétiteur, et
les garda intactes jusqu'à sa mort, bravant l'empereur
Conrad III de Hohenstauffen comme Lothaire II de Saxe.
C'est à lui qu'il fut donné de réaliser les aspirations d'indépendance nationale de ses illustres ancêtres, Otte-Guillaume et Renaud Ier, vis-à-vis de l'Allemagne et vis-à-vis de
la France. Il n'eut pas à combattre cette dernière nation, qui
ne convoitait pas encore notre province, mais nous sommes
persuadé qu'il n'eût pas hésité à le faire, si la possession de
ses terres d'Outre-Saône, le comté de Mâcon, une partie du
Lyonnais, la vicomté d'Auxonne, etc., eût été compromise.
On peut affirmer qu'il rétablit à son profit le royaume de
Bourgogne cisjurane presque en sa totalité, avec cette différence toutefois qu'au lieu de l'autorité nominale dont se
contentaient les rois rodolphiens, il y jouit d'un pouvoir
réel, d'une pleine souveraineté. Aussi n'est-il pas étonnant
qu'un homme dont la politique et les armes furent toujours
heureuses, ait fait une telle impression sur ses contemporains, que le peuple garde encore dans sa mémoire quelques
vagues traits de la grande et énergique figure de Renaud le
Franc-Comte (1).

(1) Par une charte non datée, mais qui doit être de l'année 1132,

Malheureusement pour l'autonomie franc-comtoise, arrivée à son complet épanouissement avec Renaud III, celui-ci ne laissa pas en mourant de successeur capable d'en défendre la fière indépendance. Sa fille Béatrix, son seul héritier direct, après avoir déjoué les projets d'usurpation de son oncle Guillaume, apporta en dot le comté à son époux Frédéric Barberousse. On s'explique facilement comment furent renoués alors les liens de vassalité qui avaient uni quelque temps le comté de Bourgogne à l'Empire et que les efforts incessants de quatre comtes avaient fini par rompre. Peut-être qu'il en eût été tout autrement si la tentative de Guillaume eût réussi.

Nous ne contesterons pas la valeur des documents cités par M. Duvernoy (1) pour attester, à partir de Frédéric Barberousse, la suzeraineté germanique. Nous reconnaissons même que si ce prince reçut l'hommage à titre de roi d'Arles à Besançon, en 1157, chez ses successeurs la distinction si importante faite dans le principe ne fut plus observée, et ce fut bien devant la dignité impériale que s'inclinèrent les comtes qui prirent le titre de palatins. Pour retrouver quelques velléités d'indépendance, il faut arriver jusqu'au comte Otton IV, qui tente de se soustraire à l'autorité de l'empereur Rodolphe de Habsbourg ; mais il est vaincu et obligé « de luy faire hommage-lige avant tous aultres, ainsi et de la manière que ses prédécesseurs comtes de Bourgogne ont fait dans les temps passés et ont été leurs hommes. » Quand, en 1274, le même comte céda au roi de France Philippe-le-Bel, pour raison du futur mariage de sa fille

Renaud III accorde à Pons, abbé de Bellevaux, et à son abbaye, le droit de vendre, acheter et passer dans son comté de Bourgogne sans payer aucun des droits dus au souverain (Arch. de la Haute-Saône. H. 462). Ce titre ne prouve-t-il pas la complète indépendance du comte disposant des droits régaliens ?

(1) *Notes sur Gollut*, pp. 1796 et suiv.

Jeanne avec Philippe-le-Long, la possession du comté sans
en réserver la mouvance à l'empereur, celui-ci, qui était
alors Adolphe de Nassau, en prononça la confiscation (1). Il
ne paraît pas que cette sentence ait été mise à exécution.
Toutefois des hostilités commencèrent, et, pour les faire
cesser, il fallut la promesse du roi Philippe-le-Bel « de recon-
gnoistre le comté de Bourgougne du fief de l'Empire » (2).

On voit donc Othon IV, subissant l'ascendant de la politique
française, comprendre que ses aspirations étaient seules conformes aux sentiments des populations de ces contrées et
chercher à échapper à la suzeraineté impériale, quoiqu'il fût
lui-même issu de race germanique et le dernier des Méra-
niens. Peut-il y avoir une preuve plus manifeste de l'anti-
pathie qu'éprouvait notre province contre cette vassalité que
la force des armes lui avait imposée depuis un siècle?
C'était à ses successeurs, princes français, de s'en affranchir
complètement. Mais ce pouvoir des empereurs d'Allemagne
était si léger, les gênait si peu, que pendant un siècle encore
ils leur prêteront hommage, vaine formalité qu'ils faisaient
accomplir généralement par des délégués. C'est ainsi que
nous voyons l'hommage encore rendu en 1310 par Philippe-
le-Long, comme époux de Jeanne de Bourgogne, par le duc
Eudes en 1336, par Philippe de Rouvres en 1356, par Phi-
lippe-le-Hardi en 1363. En 1408, le chancelier de Bourgogne,
Réné Pot, à propos du traité passé entre la ville de Besançon
et le duc Jean-sans-Peur, traité sanctionné par l'empereur
Venceslas, et par lequel la seigneurie de la cité était transmise
au comte de Bourgogne, rendit hommage de ladite seigneurie
à l'empereur. On en a conclu que ce dernier n'eût pas accepté
l'hommage pour la ville de Besançon si on le lui eût refusé

(1) Titre du 8 février 1296, aux archives du Doubs. Chambre des
comptes.

(2) Dunod, *Histoire du Comté de Bourgogne*, tome II, pp. 220 et
221.

pour le comté de Bourgogne (1); mais ce fait n'est attesté par aucun document. Quant à Philippe-le-Bon, il éluda l'hommage. Charles-le-Téméraire, qui rêvait de rétablir l'ancien royaume d'Arles, agrandi d'immenses possessions au nord, chercha à s'appuyer sur l'Empire pour parvenir à ce but. Ainsi il convoita le titre de vicaire impérial, et sans l'habileté de Louis XI, la couronne de roi de Bourgogne lui eût été placée sur la tête par l'empereur Frédéric III, dans l'église Saint-Maximilien de Trèves.

Avec la prise de possession du comté par Louis XI, on voit cesser toute suzeraineté germanique sur ce pays. Le roi de France refuse péremptoirement de la reconnaître. L'empereur Charles-Quint est en même temps comte de Bourgogne, mais cette province n'en est pas pour cela incorporée à l'Empire. Tout au plus figure-t-elle dans une de ces circonscriptions géographiques créées alors et appelées *Cercles de l'Empire*. Enfin le souvenir des anciens liens féodaux s'affaiblit tellement que le parlement de Dôle ayant reçu, pendant la guerre de Dix-Ans, une lettre de l'empereur qui traitait les conseillers de « *fideles et dilecti*, » dès la première ligne, le président Boyvin s'écria : « Nous sommes d'Espagne, et la Franche-Comté n'est pas d'Empire. » Puis, s'adressant au greffier de la cour : « Le clerc-juré, ajouta-t-il, écrira, au dos de la lettre, qu'elle est mise au rebut et hors archives » (2).

Le rapide coup d'œil que nous venons de jeter sur l'origine et le développement de la suzeraineté impériale sur le comté de Bourgogne sera suffisant, nous l'espérons, pour faire voir combien l'autorité des empereurs dans cette province a été illusoire. On peut affirmer qu'elle y a été plus souvent méconnue que reconnue. A une seule époque, elle semble y dominer sans conteste, c'est quand Frédéric Barberousse, par

____

(1) *Dissertation* de M. Marlet sur l'origine du nom de Franche-Comté.

(2) *Jean Boyvin*, par M. le président Ed. Clerc.

son mariage avec Béatrix, eut réuni en sa personne le titre de comte à celui d'empereur. Nous admettons aussi que son fils Otton Ier, à qui il donna le comté de Bourgogne, et Otton II, duc de Méranie, reçurent l'investiture des mains des empereurs. Il y eut donc un espace de cinquante ans environ, pendant lequel la Franche-Comté parut se soumettre à la vassalité impériale. Mais, mettant de côté toute question de patriotisme, nous demandons si on peut admettre sérieusement qu'une situation politique qui n'a pas duré un siècle a pu mériter au comté de Bourgogne le nom de terre d'Empire, qui lui a été donné par abus, et sur lequel les écrivains allemands appuient leurs prétentions actuelles.

Il est à remarquer, d'ailleurs, que ce n'est qu'à partir du XIVe siècle, c'est-à-dire à partir de la période de soumission signalée plus haut, qu'apparaît cette expression *terre d'Empire* appliquée au comté, par opposition au duché appelé *terre d'outre-Saône*. Ainsi, en 1237, dans le traité passé entre Jean de Chalon et le duc de Bourgogne Hugues, le premier cède tout ce qu'il avait en deçà de la Saône, du côté du royaume de France (*citra Saonam a parte regni Franciæ*); mais les châteaux qu'il reçoit en échange, Bracon, Ornans, Vuillafans, ne sont pas désignés comme situés dans l'Empire (1). Au contraire, dès 1303, une charte de l'abbaye de Faverney met sous la protection du comte de Bourgogne les terres qu'elle a dans l'Empire, en deçà de la Saône (*infra imperium citra Sagonam*) (2). Dans le traité de 1315 entre Philippe, depuis roi de France, mari de Jeanne de Bourgogne, et Hugues de Chalon-Arlay Ier, on trouve jusqu'à dix-sept fois ces mots : « ma terre de Bourgogne que j'ai en l'Empire ; notre comté et terre de Bourgoigne en l'Empire » (3). Charles V lui-

____

(1) Pérard, *Chartes bourguignonnes*, p. 437.

(2) Archives de la Haute-Saône. Cartulaire de l'abbaye de Faverney.

(3) Duvernoy, *Notes sur Gollut*.

même, dans une ordonnance du 20 juin 1371, semble désigner, sous le nom d'Empire, le comté de Bourgogne, en constatant que la gabelle ne rapportait rien dans les diocèses de Lyon, Mâcon et Chalon, dont les habitants allaient acheter du sel « *à l'Empire dont ils marchissaient.* » Mais, dès le XV° siècle, cette expression de « terre d'Empire » devient plus rare, et nous avons vu comment, en 1642, elle fut fièrement repoussée par le président Boyvin.

Cependant la période pendant laquelle elle eut cours fut assez longue pour lui permettre de pénétrer dans le langage du peuple, où elle s'est conservée jusqu'à nos jours. Les mariniers de la Saône s'en servent encore, lorsqu'ils disent, en descendant cette rivière, « le Réaume, » pour indiquer la rive droite, et « l'Empire, » pour désigner celle de gauche. C'est probablement la persistance de cette locution qui a fait admettre, comme un axiome historique incontestable, que la Franche-Comté avait fait partie de l'empire d'Allemagne. Nous savons quelle profonde erreur cache cette proposition avancée sans restriction. On en commettrait une non moins grande en considérant la Saône comme la frontière naturelle qui aurait séparé d'une manière absolue, pendant tout le cours du moyen âge, le comté de Bourgogne du duché.

Quant à la Saône supérieure, nous avons déjà fait remarquer que dans son cours elle traversait le comté de Bourgogne, et qu'il fallait arriver jusqu'au-dessous de Gray pour la trouver côtoyant le duché. Bien plus, de même que des terres et des seigneuries relevant de nos comtes et soumises au parlement de Dôle, et plus tard de Besançon, étaient situées sur la rive droite, comme Jonvelle, Fresne-sur-Apance, Champlitte (1), d'autres, sises sur la rive gauche, dépendaient soit de la Lorraine, soit du duché de Bar, soit du duché de Bourgogne. Nous pouvons citer Vauvillers, qui anciennement faisait

(1) *Dictionnaire des communes de la Haute-Saône*, verb. Champlitte. — *Histoire de Jonvelle*, de l'abbé Châtelet.

partie de notre province, et en fut détaché probablement en même temps que la seigneurie de Saint-Loup, c'est-à-dire vers le milieu du XIIIe siècle, pour relever des ducs de Bar. « On voit, en effet, dit M. Suchaux, par un traité de gardienneté du 26 juillet 1258, que le comté de Bourgogne ne portait sa souveraineté qu'au *rupt de Druge* (aujourd'hui le ruisseau de Roge), qui *est à une lieue et demie outre Luxeu*, petit cours d'eau qui, prenant sa source au territoire de Saint-Bresson, traverse celui de Fougerolles et passe à Fontaine, laissant Saint-Loup sur sa rive droite. Il est vrai que la terre de Saint-Loup fut partagée entre frères, que quelques-unes de ses portions furent données en mariage à des filles, qui les portèrent à des maisons dont les possessions étaient dans la Franche-Comté, et que des branches cadettes faisaient quelquefois hommage de leurs portions au comté de Bourgogne. Il est possible même que la partie du bourg qui est à la gauche de la Sémouse ait été réellement quelquefois, de ce comté ; mais ce n'était que momentanément, d'une manière précaire et sans conséquence, tandis que la branche aînée, à laquelle les autres faisaient loi, restait inviolablement attachée au duc de Bar » (1).

Le traité de gardienneté cité par M. Suchaux est celui par lequel l'abbaye de Luxeuil se mettait sous la sauvegarde de Thiébaud, comte de Champagne et roi de Navarre, moyennant la moitié des tailles et émoluments de la terre de Luxeuil, comprenant les villages ci-après : Froideconche, Saint-Sauveur, Ailloncourt, Pomoy, Velleminfroy, La Chapelle, Baudonconrt, Ehuns, Villers, Abelcourt, Briaucourt, Ainvelle, Bassigney, Anjeux, Breuches, Saint-Valbert, Neurey, Bouhans-les-Lure, Velotte, Amblans, Saint-Bresson, Bois-Derrière, Ferrière, Sainte-Marie-en-Chanois, Amage, La Bruyère, Breuchotte, Raddon, Quers, Citers, Varennes, Monthureux-sur-

---

(1) *Dictionnaire des communes de la Haute-Saône*, verb. SAINT-LOUP.

Saône, Provenchère, Vaudoncourt, Bulgnéville, Fontaine, Mailleroncourt, Betoncourt, Corbenay et Soyères près de La Ferté. Ainsi la suzeraineté sur ces terres, situées pour la plupart à l'est de la Saône, appartenait en partie aux comtes de Champagne. Les rois de France, comme successeurs de ces derniers, invoquèrent plusieurs fois le traité de 1258, et des chartes de 1382 et de 1416 prouvent que leurs droits de souveraineté furent pleinement reconnus (1). N'est-ce pas là une nouvelle preuve du peu de cas qu'on tenait dans ces régions de l'autorité impériale ?

Quelques années auparavant, le bourg de Conflans, sans cesse attaqué par les troupes du comte de Bourgogne, s'était déjà placé sous la dépendance du comte de Bar Thiébaud, qui, en 1249, lui accorda des priviléges et des franchises très-étendus. C'était la première charte d'affranchissement dans ces contrées. Aussi cet acte contribua si puissamment à attacher les habitants à leurs nouveaux souverains, à les identifier avec les Barrois, que lorsque le duché de Bar et le comté de Bourgogne eurent été réunis à la couronne de France, Conflans et les communautés qui l'entouraient, Blondefontaine, Dampierre-les-Conflans, Fontenois-la-Ville, Girefontaine, Hautevelle et Vougécourt, ne cessèrent pas de dépendre de la généralité de Lorraine, et de la subdélégation de Beaumont jusqu'en 1789 (2).

Une quinzaine de lieues plus bas en descendant la Saône, la terre de Fresne-Saint-Mamès, sur la rive gauche de cette rivière, démembrée dans le cours du XIII° siècle du comté de Bourgogne pour être réunie au duché, en a toujours fait partie depuis cette époque jusqu'à la Révolution. Les archives de la Côte-d'Or possèdent vingt-deux liasses relatives

(1) Archives de la Haute-Saône. Supp. H. 6.
(2) *Notice sur Conflans en Bassigny,* par M. l'abbé Morey. Archives de la Haute-Saône. B. 175.

à l'administration de cette seigneurie de 1392 à 1565. On peut constater par leur examen que le duc de Bourgogne la possédait en pleine suzeraineté, et en nommait le châtelain qui exerçait et percevait les droits régaliens. A partir de la conquête française, en 1674, Fresne-Saint-Mamès resta quand même une dépendance de la généralité de Dijon et du parlement de Bourgogne (1).

Au sud de Gray, c'est la vicomté d'Auxonne, comprenant des terres situées les unes sur la rive droite, les autres sur la rive gauche, qui peut fournir une nouvelle preuve du peu d'importance qu'on attachait à la Saône comme frontière. Les auteurs ne sont pas d'accord sur la suzeraineté dont elle a dépendu dans le principe. Dom Plancher prétend qu'elle a toujours relevé du duché de Bourgogne; Gollut, qu'elle était un fief du comté ainsi que la terre de Saint-Laurent, partie du comté de Chalon à l'est de la Saône. Ce dernier invoque, à l'appui de son opinion, les pourparlers de la paix de 1529, dans lesquels « les François furent sur le point d'accorder que le viscomté et le ressort de Saint-Laurent fussent rendus (au comté de Bourgogne) : ne requérans autre chose, sinon que la ville d'Auxonne fût démantelée. Toutefois, cela n'haïant esté poursuivi, les païs leur demeurèrent au grand intérest de Sa Majesté (le roi d'Espagne, comte de Bourgogne) et de son comté, qui en ce quartier qui vat jusques aux portes de Chalon, ville distante de Dôle de dix ou onze lieues, est découvert et exposé à toutes courses et entreprinses de gens de guerre. A quoy ne peut grandement empescher ce que l'on dict de la longue jouissance qu'en hont heus les ducs de Bourgougne avant Philippe-le-Hardy, et depuis encore jusques à nostre temps ; car pour autant ne peut-on pas dire que ces parties sont du corps du duché, considéré que tout ce qui passe la Saône est dehors les

____

(1) Archives de la Côte-d'Or. B. 3602 et suiv.

limités de France, ainsi que le maintindrent en la cour des ducs à Dijon, en l'an 1408, quelques religieux du Masconnois. Car la seule jouissance et possession ne faict pas qu'un païs possédé soit du corps propre. Ainsi voions-nous les comtés d'Alost, Terremonde, les quatre mestiers et païs de Wast, estre au comté de Flandres, et toutefois ils estoient du fief impérial, et la Flandre non. Ainsi Malines ét le marquisat du Saint-Empire sont en Brabant et non pas de Brabant; ainsi Metz est en Lorraine et non toutefois de Lorraine; ainsi les comtés de Boulogne, Guines sont en Artois et non pas d'Artois, sinon par fief; ainsi autrefois le marquisat de Pont estoit en Lorraine, mais de la Franche-Comté et fief d'icelui; ainsi la Ferrette, Suntgaw et Elsass sont en la Franche-Comté, et néanmoins ils ne sont de la Franche-Comté. Ainsi pouvons et debvons dire que ledit viscomté et le ressort de Saint-Laurent estoient au duché et non du duché de Bourgogne, parce qu'ils sont membres et fiefs du comté, selon que non-seulement les princes particuliers du comté et ceux du duché l'hont pratiqué, mais comme les princes mesmes qui ont esté seigneurs desdits duché et comté l'hont voulu monstrer, afin que le droict appartenant audit comté lui demeurast sauf entier, et au païs entièrement » (1).

Mais les subtiles dictinctions de Gollut ne nous paraissent pas conformes à la vérité historique. En effet, dès 1197, on voit le comte Etienne, père de Jean de Chalon, reprendre d'Eudes III, duc de Bourgogne, les ville et château d'Auxonne, *en fief jurable et rendable* à ce prince et à ses successeurs (2). Or la ville d'Auxonne est sur la rive gauche de la Saône; le duché, dès la fin du XIIe siècle, s'étendait donc au-delà de cette rivière. Cet hommage n'est peut-être pas le premier rendu aux ducs de Bourgogne pour cette

(1) Gollut, pp. 351 et suiv.
(2) Duvernoy, *Notes sur Gollut*, p. 1710. — Béatrix de Chalon.

seigneurie, et c'est sans doute pour se soustraire à l'obligation de le rendre que Jean de Chalon échangea, en 1237, Auxonne contre Bracon, Vuillafans, Ornans, etc.

En descendant encore la Saône nous trouvons Chaussin et Foucherans dont le démembrement remonte à une époque incertaine, mais selon toute apparence contemporaine de celui d'Auxonne. Les papiers concernant cette seigneurie, conservés aux archives de la Côte-d'Or, sont antérieurs à 1370. Après la conquête française, cette terre continua à dépendre, comme celle de Fresne-Saint-Mamès, de la généralité de Dijon, subdélégation de Saint-Jean-de-Losne (1).

Nous ne nous arrêterons pas sur le ressort de Saint-Laurent dont nous avons parlé déjà à propos d'Auxonne et qui fit toujours partie du duché de Bourgogne. Quant au Mâconnais, situé sur la rive droite de la Saône et appartenant aux comtes de Bourgogne, la mouvance en fut fort incertaine dans le cours du XIIᵉ siècle. En droit, il devait relever des ducs ; mais les comtes firent mille tentatives pour se rendre indépendants vis à-vis des ducs, comme ils l'avaient fait relativement à la Franche-Comté vis-à-vis des empereurs. Gollut va même jusqu'à prétendre que le comté de Mâcon était de franc-fief. « Il appartenoit, dit-il, et appartient en la majeure partie aux francs-comtes de Bourgogne, et les autres parties sont de leurs fiefs ; combien qu'il soit de vray que le droict de vasselage en appartient et en est porté aux ducs de Bourgougne, comme supérieurs tenans, au regard dudit Mascon, le fief dominant ; c'est-à-dire que le Masconois avoit plusieurs seigneurs entre lesquels estoit le comte de Bourgougne comme principal, et duquel les autres relevoient leurs portions et arrière-fiefs. Et en ce cas, quand bien le duché de Bourgougne hauroit faict retour à la couronne, toutefois ce comté de Mascon debvoit estre laissé comme

____

(1) Archives de la Côte-d'Or et du Jura. Séries B et C.

chose dépendante du franc-comté, sur lequel la corone de
France n'a point de fief, ny de vasselage, ny prétexte de
ladicte feinte loy salique » (1).

Notre vieil historien en conclut que c'est à tort que Marie
de Bourgogne, fille de Charles-le-Téméraire et épouse de
Maximilien, en fut dépossédée en même temps que du
duché. Cependant nous devons faire remarquer qu'il existe
un jugement rendu à Francfort en 1293, par l'empereur
Henri VI, sur la mouvance du comté de Màcon, réclamée à la
fois par Eudes, duc de Bourgogne, et par Othon, comte palatin ;
il repousse péremptoirement les prétentions de ce dernier et
le condamne à rendre au duc foi et hommage (2).

Quant à la propriété de la Saône elle-même, cette rivière,
à partir du IXe siècle, n'est plus dans le domaine public,
selon l'expression juridique. De nombreux titres prouvent
que les abbayes et les seigneurs riverains avaient usurpé les
droits régaliens en y établissant des pêcheries, des moulins et
des péages de leur propre autorité. Une charte de concession
du 23 juillet 1188 semble indiquer toutefois que les empereurs avaient conservé quelques droits sur la partie inférieure
de ce cours d'eau. Par cet acte, Humbert, père d'Etienne de
Thoyre, prit, en arrière-fief de l'Empire, d'Henri, roi des
Romains, deux péages qu'Etienne de Villars possédait auparavant par autorité royale, c'est-à-dire par autorité des rois
de Bourgogne. L'un de ces passages était à Trévoux sur la
rivière de Saône (3). Mais M. Valentin Smith fait remarquer
avec raison que cette charte n'est en réalité qu'une sorte de
traité d'alliance rédigé selon l'usage du temps, et qui avait
surtout pour but, de la part d'Humbert, de s'attirer la
protection de l'Empire (4). En 1269, selon Aubret, une

(1) Gollut, p. 1350.
(2) Gollut. Note de M. Duvernoy.
(3) Guichenon, *Histoire de Bresse*, p. 248.
(4) Valentin Smith, *La Saône*, p. 87.

reprise de fief du village de Vonges par Guillaume de Pontailler à Hugues, duc de Bourgogne, déclare que la justice de ce dernier ne s'étend que jusqu'au milieu de la rivière (1). Il est donc probable que, sur ce point, la Saône formait une limite exacte entre le duché et le comté de Bourgogne ; mais un peu plus bas, à Auxonne, et jusqu'à Chalon, nous avons vu qu'il n'en était plus de même. Enfin, à partir du XVIe siècle, ce sont les rois de France qui réglementent seuls la police de la navigation de cette rivière de Lyon à Auxonne ; de ce point juqu'à sa source, cette réglementation est exercée par le comte de Bourgogne, par l'intermédiaire de son Parlement rendant les ordonnances nécessaires à ce sujet, et instituant un maître des ports de la Saône pour veiller à leur exécution.

(1) Aubret, *Mémoire sur les Dombes*, tome V, p. 381.

CONCLUSION.

« Il est des choses, dit Montesquieu, à propos de l'opportunité de la marche d'Annibal sur Rome après Cannes, que tout le monde répète parce qu'elles ont été dites une fois. » Ces paroles de l'illustre penseur s'appliquent on ne peut pas plus exactement à cette sorte d'axiome de géographie historique qui prétend représenter la Saône comme ayant joué le rôle de frontière naturelle dans l'antiquité et au moyen âge.

Parce que César, arrivant dans des contrées inconnues qu'il tâcha de délimiter à grands traits, a dit que la Saône servait de ligne de séparation entre les Eduens et les Séquanais, cette rivière est devenue dans l'imagination des écrivains postérieurs une limite absolue, non-seulement entre ces deux peuples, mais plus tard entre le royaume de France et l'Empire d'Allemagne.

Après la longue étude (peut-être bien trop longue pour le lecteur) que nous venons de faire de tous les textes historiques relatifs à la Saône, étude entreprise sans parti pris, avec le désir de rechercher la vérité seule et de lui donner le pas sur les sentiments de susceptibilité nationale que pouvait éveiller cette recherche, nous ne craignons pas de dire que jamais assertion ne fut plus erronée.

César lui-même, dont le témoignage a fait loi en quelque sorte sur ce point, reconnaît que le cours de cette rivière donnait lieu à de graves contestations entre les Eduens et les

Séquana:s, chacune de ces deux nations prétendant en avoir la propriété exclusive. Ce n'était donc pas une limite incontestée, puisqu'elle a été l'occasion d'une guerre qui a amené l'intervention romaine et la conquête de la Gaule. Nous savons, en outre, par Tite-Live, Strabon et Ptolémée, que, dès les temps les plus reculés, les Insubres en habitaient indistinctement les deux rives, et que plus tard les Eduens occupèrent sur celle de gauche le territoire correspondant à la plus grande partie de la Bresse actuelle. Ainsi, à l'époque celtique, la Saône a-t-elle été une frontière naturelle entre les différentes *civitates* gauloises? Nous répondrons sans hésiter non, fort du témoignage de Tite-Live, de Strabon, de Ptolémée et de César même.

Plus tard, sous la domination romaine, cette rivière sépare-t-elle les deux grandes provinces constituées alors, la Séquanaise et la Première Lyonnaise? Non Puisque Ammien-Marcellin dit positivement qu'elle traversait la première de ces provinces qu'il appelle la Première Germanie, et que par conséquent elle ne pouvait la délimiter. De plus, les *Itinéraires* et les *Notices de l'Empire* qui nous donnent l'énumération des villes de la Séquanie, en citent deux : *Portus-Abucinus* et *Segobodium*, qui étaient situées à cheval sur le cours de la Saône, avec deux quartiers différents reliés par des ponts. Il est peu probable qu'une partie de ces villes ait dépendu de la Séquanie, et l'autre de la Première Lyonnaise.

D'ailleurs, lors de l'établissement du christianisme en Gaule, les diocèses empruntèrent, à peu d'exceptions près, les limites des circonscriptions administratives romaines elles-mêmes, généralement calquées sur celles des anciennes *civitates* gauloises; or un simple coup d'œil jeté sur la carte annexée au tome VII de la *Gallia christiana* suffit pour convaincre que la Saône ne fut pas une limite absolue entre le diocèse de Besançon sur la rive gauche, et ceux de Langres et de Chalon sur la rive droite. Le diocèse de Besançon comprit de nombreuses paroisses à l'ouest de la Saône, entre autres le fameux *Albiniacum*, devenu plus tard le prieuré de Saint-Marcel-les-Jussey, et l'abbaye de Cherlieu ; celui de Chalon s'étendit à l'est dans toute la région connue autrefois sous le nom de *pagus Salmoringum*, et maintenant sous celui de Bresse chalonnaise.

Quand les Burgundes envahirent la Gaule au commencement du Ve siècle, les historiens qui nous racontent leur établissement, Prosper d'Aquitaine et Grégoire de Tours, nous les montrent occupant indifféremment les deux rives de la Saône, puis descendant la vallée du Rhône, sans jamais toutefois passer sur la rive droite de ce fleuve, qui resta, les textes le disent expressément, une barrière entre eux et les Wisigoths de la Narbonnaise.

Puis, lorsque ce premier royaume de Bourgogne, comprenant les provinces qui devaient devenir le duché et le comté, tomba sous les coups des fils de Clovis, ceux-ci, en s'en partageant les dépouilles, tinrent-ils compte du cours de la Saône comme pouvant leur servir de ligne de démarcation ? Nullement. Réunie à l'Austrasie, la Bourgogne forme sous les Mérovingiens un Etat comprenant indistinctement des *pagi* situés sur les deux rives de cette rivière.

Bien plus, si à l'aide des renseignements que fournissent les chroniques et les chartes du VIe au XIIe siècle sur l'étendue de ces circonscriptions administratives appelées *pagi*, qui devinrent les comtés du moyen âge dans les deux Bourgognes, on recherche les limites de ceux qui avoisinaient la Saône, les *pagi* de *Colerensis*, de *Port*, des *Attuariens*, d'*Amuous*, d'*Oscarensis*, etc., on s'aperçoit qu'ils étaient souvent traversés et rarement bornés par cette rivière.

Aussi, quand l'Empire de Charlemagne fut démembré une première fois à Verdun, ce serait une erreur de croire que le royaume de Lothaire fut limité à l'est par la Saône d'une manière aussi absolue qu'on le trouve répété dans la plupart des ouvrages historiques, car ce royaume comprenait des *pagi* à cheval sur son cours, celui de *Port* entre autres, et qui ne durent pas, par conséquent, être partagés.

Il en fut de même à Mersen, lors du partage des Etats de Lothaire II entre Charles-le-Chauve et Louis-le-Germanique. Par une bizarrerie qui prouve quel peu de cas on tenait alors des conditions géographiques des pays partagés, les *pagi* les plus orientaux du comté de Bourgogne furent attribués au roi de France, et les plus occidentaux à celui de Germanie.

Malgré l'obscurité qui règne sur l'établissement des royaumes de Provence, de Bourgogne cisjurane, transjurane et d'Arles, nous pensons, avec Adrien de Valois, qu'ils s'étendirent au-delà de la Saône, où ils comprirent, entre autres, le comté de Mâcon. D'ailleurs la souveraineté de ces régions était si incertaine, si contestée, qu'à quelques années d'intervalle seulement, on voit la même abbaye faire confirmer ses diplômes de donation par les rois de France, par ceux de Bourgogne et par les empereurs de Germanie.

Les véritables maîtres du pays étaient les ducs et les comtes, bénéficiaires d'abord, puis devenus héréditaires depuis le traité de Kiersy-sur-Oise, en 877. Leur pouvoir était tellement illimité que les chroniques de Saint-Bénigne de Dijon et de Bèze n'hésitent pas à le qualifier de royal. Or nous voyons ces ducs et ces comtes, Richard-le-Justicier, Boson son fils, Gislebert, Létalde et Otte-Guillaume, posséder au même titre les deux rives de la Saône.

Cette situation n'a pas été modifiée par la donation de Rodolphe-le-Fainéant, dernier roi d'Arles, à l'empereur Henri-le-Saint, car il ne put céder au monarque d'Outre-Rhin qu'un droit aussi illusoire que l'autorité dont il jouissait sur ces contrées.

Nous ne nions pas toutefois que, pendant près de deux siècles, les souverains germaniques, invoquant leur titre de

roi d'Arles, n'aient fait tous leurs efforts pour imposer leur
suzeraineté au comté de Bourgogne. Quoique obligés quelquefois par la force des armes de reconnaître leur vassalité, nos
comtes restèrent en fait indépendants. L'un d'eux même,
Renaud III, fut assez heureux pour s'affranchir complétement
de la formalité de l'hommage. En agissant ainsi, il a traduit
si fidèlement les aspirations d'indépendance des populations
franc-comtoises vis-à-vis de l'Allemagne, que le peuple garde
encore dans sa mémoire quelques vagues traits de la grande
et énergique figure de Renaud le Franc-Comte.

Si un instant, par suite du fatal mariage de Béatrix,
l'unique enfant de Renaud III, avec Frédéric Barberousse,
notre province semble, sous cet empereur et ses successeurs,
immédiats, accepter le joug germanique, elle le secoue dès
l'avénement des Habsbourg, et pour mieux sauvegarder ses
antiques libertés, tourne ses regards vers la France, à laquelle
elle est un instant réunie par son incorporation au duché.
Malgré les circonstances politiques qui la détachent de nouveau à la fin du XV° siècle de la monarchie capétienne, elle
demeure française par les mœurs, le langage, les coutumes
et les institutions judiciaires, et tout en faisant partie nomi-
nalement soit du vaste Empire de Charles-Quint, soit du
royaume de Philippe II et de ses successeurs, elle n'en
conserve pas moins son autonomie, s'administrant elle-même,
ne payant que les impôts votés par ses Etats, et à condition
qu'ils seraient employés exclusivement pour le service et
l'utilité du comté de Bourgogne, formant, en un mot, un
petit Etat indépendant. D'ailleurs, à cette époque, le souvenir
de la souveraineté impériale s'était tellement affaibli que,
pendant la guerre de Trente-Ans, le Parlement de Dôle ayant
reçu une lettre de l'empereur d'Allemagne dans laquelle les
conseillers étaient traités de *fideles* et de *dilecti*, dès la
première ligne le président Boyvin s'écria : « Nous sommes
d'Espagne, et la Franche-Comté n'est pas terre d'Empire. »

Puis s'adressant au greffier de la cour : « Le clerc-juré, ajouta-t-il, écrira au dos de la lettre qu'elle est mise au rebut et hors archives. »

Pendant cette période de quatre siècles de lutte des comtes de Bourgogne contre la suzeraineté germanique, est-ce la Saône qui servit de limite occidentale à la Franche-Comté ? Un document célèbre est là pour répondre non. « Au-delà du chemin romain qui va de Besançon à Langres, dit l'acte d'accusation dans le procès de Jean de Vergy, seigneur de Fouvent (19 décembre 1427), sont les gabelles, impôts et servitudes royales ; en deçà, les nobles libertés et droictures de la franche terre de Bourgogne. » Comment douter que ce chemin romain qui était encore frontière entre le duché et le comté au XVe siècle ne l'eût pas été déjà dans les temps antérieurs ? Ce n'était donc pas la Saône.

Enfin comment expliquer, si cette rivière eût joué le rôle de limite entre la France et l'Empire au moyen âge, cette chaîne de terres de surséance ou d'enclaves relevant du duché de Bourgogne et s'étendant sur la rive gauche jusqu'aux deux tiers de son cours ? Ce sont d'abord, au nord : les terres de Vauvillers et de Saint-Loup, pendant longtemps de la mouvance des comtes de Bar ; la prévôté de Conflans-en-Bassigny avec Dampierre-les-Conflans, Fontenois-la-Ville, Girefontaine et Hautevelle, qui ne cessa même pas, lorsque le Barrois et le comté de Bourgogne eurent été réunis à la couronne de France, de dépendre de la généralité de Lorraine et de la subdélégation de Beaumont jusqu'en 1789 ; puis une quinzaine de lieues plus bas, la terre de Fresne-Saint-Mamès, démembrée du comté de Bourgogne dans le cours du XIIIe siècle pour être réunie au duché, et qui en a toujours fait partie depuis cette époque jusqu'à la Révolution ; ensuite, au sud de Gray, la vicomté d'Auxonne, comprenant des terres situées les unes sur la rive droite, les autres sur la rive gauche, et qui releva successivement des ducs et des comtes de Bourgogne ; les terres de Chaussin et de Foucherans, dont le démembrement est certainement antérieur à 1370 et qui dépendirent jusqu'en 1790 de la généralité et du Parlement de Dijon, comme celle de Fresne-Saint-Mamès ; le ressort de Saint-Laurent, l'ancien *pagus Salmoringum*, aujourd'hui la Bresse chalonnaise, qui, quoique situé sur la rive gauche dé la Saône, ne fit jamais partie de la Franche-Comté.

Nous voyons aussi la seigneurie d'Apremont comprendre des terres sur les deux rives de la Saône, et d'autres sises sur la rive droite relever de nos comtes et non des ducs, entre autres celle de Champlitte.

Ce sont, dira-t-on, des exceptions qui confirment la règle. Mais il nous semble, après l'énumération que nous venons de donner, que ces exceptions sont si nombreuses que la règle n'existe plus, ou plutôt pourrait être formulée ainsi : « La Saône a seulement servi de limite entre le duché et le comté de Bourgogne depuis Gray jusqu'en amont d'Auxonne, puis plus bas entre le Mâconnais et les Dombes. »

Il est à remarquer que ce n'est que sur ce dernier point qu'elle sépare deux départements, ceux de Saône-et-Loire et de l'Ain. Partout ailleurs, avec raison, on n'a tenu nul compte de son cours lors de la division administrative de la France, en 1790.